农业特色产业发展及区域品牌建设研究

周伟　江宏飞　著

華中科技大學出版社
http://press.hust.edu.cn
中国·武汉

图书在版编目(CIP)数据

农业特色产业发展及区域品牌建设研究/周伟,江宏飞著.—武汉:华中科技大学出版社,2024.2

ISBN 978-7-5772-0508-3

Ⅰ.①农… Ⅱ.①周… ②江… Ⅲ.①农产品-品牌战略-研究-中国 Ⅳ.①F326.5

中国国家版本馆 CIP 数据核字(2024)第 038481 号

农业特色产业发展及区域品牌建设研究 周　伟　江宏飞　著

Nongye Tese Chanye Fazhan ji Quyu Pinpai Jianshe Yanjiu

策划编辑:聂亚文

责任编辑:易文凯

责任校对:刘　竣

责任监印:朱　玢

出版发行:华中科技大学出版社(中国·武汉)　电话:(027)81321913

武汉市东湖新技术开发区华工科技园　邮编:430223

录　排:华中科技大学惠友文印中心

印　刷:武汉市洪林印务有限公司

开　本:710mm×1000mm　1/16

印　张:7.25

字　数:122 千字

版　次:2024 年 2 月第 1 版第 1 次印刷

定　价:68.00 元

本书得到了湖北省科技计划项目软科学研究类项目(2016ADC084)、湖北省教育厅人文社会科学研究项目(16G147)、2023年度黄冈市社科研究课题(立项编号:057)的支持。在此表示感谢!

作 者 简 介

周伟，女，汉族，1979 年 4 月生，湖北松滋人，武汉大学经济与管理学院副教授，硕士生导师。法国巴黎第十一大学（现巴黎萨克雷大学）经济学博士，武汉大学管理学博士。研究领域为国际商务、数字经济、战略管理等。主持国家社会科学基金年度项目、国家自然科学基金青年项目、外交部中欧关系研究“指南针计划”项目等省部级项目十余项，发表学术论文 30 余篇。

江宏飞，男，汉族，1978 年 11 月生，湖北松滋人，黄冈师范学院商学院讲师，武汉大学管理学博士，主要研究方向为：战略管理，农产品区域品牌。

前　　言

发展农村特色产业和建设农产品区域品牌是实现乡村振兴的重要途径。如何促进农村特色产业发展以及建设区域品牌是很值得研究的问题。

本书内容包括十二章。第一章:理论回顾。本章主要对钻石模型理论和品牌整合营销传播理论进行了回顾。钻石模型理论认为主要有四个方面的因素影响了某一产业的竞争力。这四个因素分别是:①生产要素;②需求条件;③相关产业与支持性辅助产业;④企业战略、结构和竞争状况。这些因素形成一个形似钻石的菱形架构,所以该理论被称作钻石理论或者钻石模型。钻石模型理论具有很强的借鉴意义。本书后续相关章节将结合钻石模型理论对湖北潜江小龙虾产业、湖北蕲春蕲艾产业、湖北红安红薯产业、江西赣南脐橙产业等地方特色产业进行分析。品牌整合营销传播理论认为现有或潜在客户与产品或服务之间发生的一切有关品牌或公司的接触,都可能是将来信息的传播渠道。整合营销传播运用与现有或潜在的客户有关并可能为其接受的一切沟通形式,以达到对特定沟通受众的行为产生实际影响的目的。本书后续章节将结合品牌整合营销传播理论对蕲春蕲艾、赣南脐橙等区域品牌的传播进行分析。

第二章:湖北潜江小龙虾产业发展战略研究。本章基于"钻石模型"的分析框架对潜江龙虾产业进行了分析。潜江水资源环境良好,为养殖小龙虾提供了良好的自然资源条件。潜江成功培育出品牌、技术这些高级生产要素。良好的需求条件促进了小龙虾餐饮企业竞争力的提升。在餐饮以及精深加工等环节,潜江都有一批优秀的企业。潜江物流、商贸、文旅等相关产业的实力很强,这有利于小龙虾产业的发展。湖北省政府及潜江市政府为小龙虾产业发展提供了良好的政策环境。本章对提升潜江小龙虾产业的竞争优势提出了建议:培育高级生产要素;促进小龙虾产业和旅游产业融合发展;增强企业活力;促进辅助产业发展;政府对小龙虾产业加强引导和支持。

第三章:随州香菇特色产业发展战略研究。随州香菇是湖北随州很有影响力的特色产业。随州的自然环境适合香菇生长，这是香菇产业发展的初级生产要素。随州香菇的品牌优势明显，这是产业发展的高级生产要素。随州香菇出口 40 多个国家和地区，在满足不同消费市场的过程中，随州香菇的产品品质以及生产管理水平也得到了提高。在香菇生产以及精深加工等环节，随州有一批优秀的企业。随州当地企业与华中农业大学等科研机构开展了产学研合作，组建了湖北香菇产业技术研究院，这些措施有利于提升当地香菇产业技术水平。政府为随州香菇产业发展创造了良好的环境。本章对随州香菇产业的发展提出了建议：注重开拓内销市场；保护林木资源；注重技术创新；加强品牌建设；建设随州香菇产业园；发挥政府在促进随州香菇产业发展中的作用。

第四章：湖北蕲春蕲艾特色产业发展战略研究。蕲春的地理环境适合艾草的生产，当地生产的艾草具有优良的品质，这构成了蕲艾产业发展的初级生产要素。蕲艾区域品牌具有很强的品牌知名度，当地一些蕲艾生产企业也有一定的品牌优势。蕲春注重技术研发，当地蕲艾产业也具备一定的技术优势。品牌和技术构成了蕲艾产业的高级生产要素。中国自古就有使用艾草的传统。随着人们对生活品质要求的不断提高，人们对艾产品的需求越来越旺盛。蕲春建有李时珍中药材交易中心和蕲艾产业技术研究院，这为蕲艾产业发展提供商务服务和科技支撑。蕲春涉艾市场主体超过 3000 家，其中有一批颇具规模和优势的龙头企业。不论在国家层面，还是在湖北省层面，还是在蕲春县层面，都出台了政策支持中医药产业发展，这为蕲艾产业发展提供了良好的政策环境。本章对促进蕲春蕲艾产业发展提出了建议：建议促进蕲艾产业和旅游业融合发展；建议进一步提升对蕲艾产业的配套服务水平；建议加强标准建设，提升行业影响力；建议加强产学研合作，提升产业科技优势；建议进一步提升品牌优势，提升蕲艾产品的附加值；要保护艾农利益，确保蕲艾产业原料优势。

第五章：湖北红安红薯特色产业发展战略研究。红安的气候、土壤条件特别适合红薯生长，红安红薯很有地域特色，具有良好的品质，这是红安红薯产业发展的初级生产要素。“红安苕”是全国第一个甘薯国家地理标志保护产品，具有一定的品牌优势，品牌是红安红薯产业发展的高级生产要素。红安成立了湖北甘薯产业技术研究院，可以为红薯产业发展提供技术支撑。红薯系列产品具有很广泛的市场需求。红安县建有电子商务公共服务中心和红安苕交易中心，并有一批优质的电商企业,可以为红薯产业提供良好的商务服务。红安县拥有如将乡红(湖北)食品集团股份有限公司、伟杰现代农业发展有限公司、湖北薯粮科技集团有限公司等一批优质的企业。红安县政府为红薯产业发展提供了良好的政策环境。本章对促进红安红薯产业发展提出了建议:要提升“红安苕”区域公用品牌的知名度;要进一步拓展产品种类;要注重对红薯加工副产物的综合利用;要打造以红苕为特色的旅游线路。

第六章:江西赣南脐橙特色产业发展战略研究。赣州的自然环境适合种植脐橙,这是脐橙产业发展的初级生产要素。赣南脐橙的品牌优势明显,这是产业发展的高级生产要素。赣南脐橙的销售范围覆盖中国不同的地区以及东南亚、欧洲等出口市场,差别各异的需求促进了赣南脐橙产品创新。在脐橙种植、初级加工、精深加工以及分选装备等环节,赣州都有一批优秀的企业。国家脐橙工程技术研究中心等科研机构为脐橙产业发展提供了良好的科技支撑。赣州在安远县建立了赣南脐橙交易中心,为脐橙产业提供了良好的商贸服务。赣州各级政府为脐橙产业发展创造了良好的环境。本章对赣州脐橙产业的发展提出了建议:要合理利用初级生产要素;培育高级生产要素;提升产业组织化水平;政府要对脐橙产业加强支持和协调。

第七章:随州香菇区域品牌传播策略研究。随州香菇品牌的信息源比较广泛,主要为政府、企业以及广大的菇农。随州香菇的产品特点与其良好的生长环境有很大关系。举办活动和广告是随州香菇品牌传播的主要方式。举办香菇博览会,向消费者传递了丰富的品牌信息。网上有一些关于香菇的负面信息,影响了消费者对香菇类产品的品牌信任。在随州论坛“市民留言版”上有一些“非计划信息”,丰富了随州香菇的品牌形象。本章对随州香菇品牌传播提出了建议:要加强信息源的协调;对非计划信息进行引导;对不利于产业发展的“噪声”作出回应。

第八章:蕲春蕲艾区域品牌整合营销传播策略分析。举办蕲艾文化节,全方位、全要素地展示了蕲春独特的自然、旅游、人文和产业资源。网上有一些“假冒蕲艾产品”的信息,对蕲艾品牌造成了负面影响。针对假冒蕲艾产品的问题,蕲春有关方面采取了措施,这有利于维护蕲艾品牌的形象。

第九章:对盱眙龙虾区域品牌的整合营销传播策略进行了分析。

第十章:对赣南脐橙区域品牌的传播策略进行了分析。

第十一章：以湖北省为例，对农业节庆在促进特色农业发展中的作用进行了研究。在这一章，主要对随州兰花节、随州随县尚市桃花节、随州香菇节、湖北潜江龙虾节进行了分析。与其他传播方式相比，农业节庆传播具有独特的优势。一是传播时机精准。以农产品等自然资源为依托的节庆一般都根据农产品的生长周期来安排节庆时间，在这个时间点，就可以把农产品形象鲜活地呈现在人们的面前。二是传播对象明确有效。节庆以欢乐喜庆的气氛和活泼有趣的形式在短时间内积聚大量人群，而这些积聚起来的人群就会形成节庆传播的受众。三是注重参与体验。与其他很多传播方式相比较，节庆传播更注重公众的参与性和体验性。

第十二章：科技支撑农村特色产业发展研究。农村特色产业发展离不开科技创新。在这一章，分析了科技支持潜江小龙虾产业发展、科技支撑随州香菇产业发展、科技支撑湖北茶产业发展、科技支撑长坂坡大蒜产业发展、科技支撑湖北稻米产业发展、科技支撑湖北油菜产业发展等方面的情况。要加强农业科技创新能力建设，推广农业新技术、新模式、新品种，促进农业科技改革创新，推动农业科技重大成果应用，夯实优质农产品供给能力。农产品品牌知名度、美誉度是农产品价值链发展水平的体现，在农产品种养殖、精深加工等价值链的不同环节，都要注重科技创新。

本书得到了湖北省科技计划项目软科学研究类项目（2016ADC084）、湖北省教育厅人文社会科学研究项目（16G147）、2023年度黄冈市社科研究课题（立项编号：057）的支持。在此表示感谢！

本书适合从事农村特色产业的研究人员，以及从事农产品区域品牌的研究人员阅读，也可以为政府管理部门的相关人员以及涉农企业的管理者提供参考。

由于作者水平有限，书中难免有疏漏之处，敬请读者指正！

目录

第一章
理 论 回 顾

本书主要研究农村特色产业发展和农产品区域品牌传播。对于农村特色产业发展，主要采用美国哈佛大学波特教授的钻石模型理论进行分析。对于农产品区域品牌传播，主要采用品牌整合营销传播理论进行分析。本章主要对这两方面的理论进行回顾，并为后续章节的分析提供了理论基础。

第一节　钻石模型理论回顾

20 世纪 90 年代，美国哈佛大学迈克尔・波特教授出版了《国家竞争优势》一书，并在这本著作中提出了钻石理论模型。波特教授认为很多丰富多元的经济现象不能用比较优势理论与资源禀赋理论来解释。

波特教授认为主要有四个方面的因素影响了某一产业的竞争力。这四个因素分别是：①生产要素；②需求条件；③相关产业与支持性辅助产业；④企业战略、结构和竞争状况。这些因素形成一个形似钻石的菱形架构，所以该理论被称作钻石理论或者钻石模型。机遇和政府作为两个不可忽视的外生要素也会对以上四种要素产生影响，进而影响产业的竞争力。这就是波特的产业竞争力钻石模型，其示意图如图 1-1 所示。

一、生产要素

生产要素包括基础要素和高级要素两个层次。基础要素主要包括自然资源、气候、地理位置和人口等方面。高级要素主要包括掌握高技术的熟练劳动力、科技设备和技术能力等方面。高级要素决定了一个区域某一产业的竞争优势。

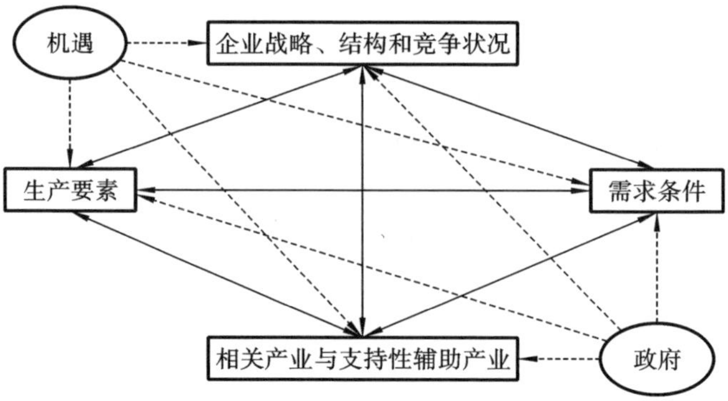

图 1-1　波特的产业竞争力钻石模型

二、需求条件

某一行业的竞争优势与需求条件有很大的关系。如果消费者对产品比较熟悉,就会对公司形成一种压力,促使公司提升产品质量和性能。当某一地区某一产业的众多企业都注重产品创新的时候,就可以提升该产业的技术水平和经营水平,从而增强该地区该产业的竞争优势。

三、相关产业与支持性辅助产业

一个国家或地区成功的行业不是孤立存在的,是和其他相关行业紧密相关的。相关产业与支持性辅助产业对高级生产要素的投入会外溢到其他的行业,进而提升该行业的竞争优势。

四、企业战略、结构和竞争状况

企业战略、结构和竞争状况主要包括某一产业内企业的规模分布、具体企业竞争策略以及企业的创新能力等。一方面,企业的行为会影响到一个地区某一产业的竞争能力。产业竞争能力是众多企业竞争能力的综合体现。另一方面,如果一个地区企业竞争比较激烈,有利于企业在更大范围内构筑竞争优势。企业为了应对本地区的激烈竞争,会不断提高效率、提升经营水平,这些都有利于企业在更大市场范围内开展竞争,进而提升公司的市场地位。

第二节 品牌整合营销传播相关理论回顾

整合营销传播(IMC)是近30年来在广告和营销领域最具影响力的概念之一。在整合营销传播的概念提出之前,不管是在学术界,还是在商界,广告、促销、宣传等理论和实践是彼此区分开来的。

1993年,美国西北大学麦迪尔新闻学院舒尔茨教授提出了整合营销传播理论。整合营销传播的对象是现有和潜在的客户。整合营销传播理论拓展了人们对传播渠道的传统认识,该理论认为现有或潜在客户与产品或服务之间发生的一切有关品牌或公司的接触,都可能是将来信息的传播渠道。整合营销传播运用与现有或潜在的客户有关并可能为客户接受的一切沟通形式,以达到对特定沟通受众的行为产生实际影响的目的。

随着时代的发展,整合营销传播逐渐被接受并流行起来,到20世纪90年代中期,整合营销传播已经成为美国营销、广告、公关领域的主流方式,并向全球扩散。

整合品牌传播的核心理念是通过品牌管理来创造价值。整合品牌传播开始于明确商业模式中品牌所承担的角色,决定怎样借助品牌的作用促进和维持企业的成长。国内外一些学者建立了整合品牌传播理论,建构了整合品牌传播模型。其中汤姆·邓肯的互动营销模型比较典型。

汤姆·邓肯阐释了在整合营销传播中品牌传播的过程。他建构了一个互动营销模型,如图1-2所示,阐释了在品牌传播整个过程当中涉及的各个要素:信息来源,信息内容,信息传播渠道,信息的接收者,受众的反馈以及传播过程中的噪声。

信息来源于公司以及品牌拥有者。关于品牌的信息非常丰富,既有品牌拥有者有计划传播的信息,也有非计划传播的信息。这些信息通过传播渠道传递给目标受众。传播渠道包括报纸、杂志、电视以及互联网。随着信息技术的发展,传播渠道也在不断发展。目标受众会给品牌拥有者提供很多反馈信息,品牌拥有者可以根据这些反馈信息调整传播策略。"噪声"会造成混乱和信息冲突,进而影响目标受众对品牌的信任。

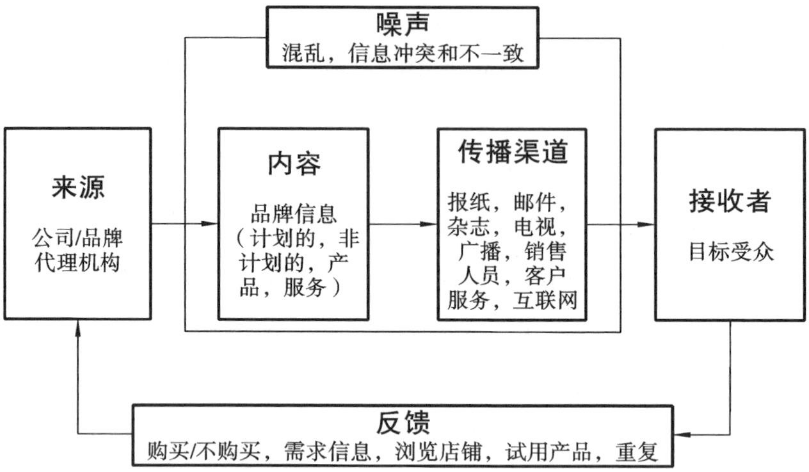

图 1-2　汤姆·邓肯互动营销模型

区域品牌整合营销传播是一个立体化的传播过程。本书主要从五个方面对区域品牌整合营销传播进行分析，包括信息源、信息整合和发布、传播渠道、反馈和互动、噪声，如图 1-3 所示。

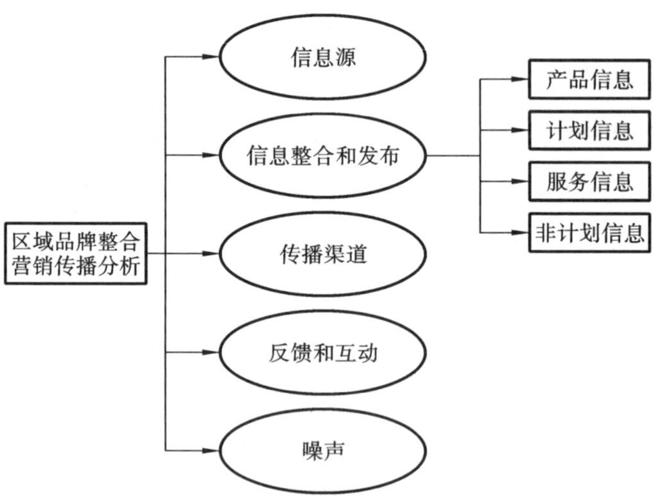

图 1-3　区域品牌整合营销传播分析框架

这里的信息源指品牌信息的来源。信息整合和发布主要从四个方面进行分析，即产品信息、计划信息、服务信息和非计划信息。传销渠道就是传播媒介。反馈和互动就是品牌拥有者与消费者之间的交流和互动。噪声指关于区域品牌的一些不实信息，这些信息会造成信息混乱，进而造成消费者的认知混乱，影响消费者对相关产品的信任和购买意愿。

第二章
湖北潜江小龙虾产业发展战略研究

“潜江龙虾”已经发展成为小龙虾行业很有影响力的特色产业。本章将基于“钻石模型”的分析框架对潜江龙虾产业进行分析。潜江水资源环境良好，为养殖小龙虾提供了良好的自然资源条件。潜江成功培育出品牌、技术这些高级生产要素。良好的需求条件促进了小龙虾餐饮企业竞争力的提升。在餐饮以及精深加工等环节，潜江都有一批优秀的企业。潜江物流、商贸、文旅等相关产业的实力很强，这有利于小龙虾产业的发展。湖北省政府及潜江市政府为小龙虾产业发展提供了良好的政策环境。本章对提升潜江小龙虾产业的竞争优势提出了建议：培育高级生产要素；促进小龙虾产业和旅游产业融合发展；增强企业活力；促进辅助产业发展；政府对小龙虾产业加强引导和支持。

第一节　潜江小龙虾产业竞争优势分析

潜江小龙虾产业开始于 2000 年。2000 年，潜江积玉口镇宝湾村党支部书记刘主权为了防止农田抛荒，带头承包了村民弃耕的 60 亩低湖田。因为地势低洼，这片田常常被淹，如果种植粮食会遇到很大的困难，刘主权就想到了养龙虾。他琢磨出了“虾稻连作”的种养模式——低洼田里的中稻收割后，投入小龙虾，利用稻田的天然饵料生长，次年春耕前捕捞小龙虾，接着再种植水稻。刘主权的“虾稻连作”模式取得了不错的经济效益，这种模式一下子火了起来，当地农民纷纷效仿，当年被视为包袱的低湖田成了抢手货。

经过多年的探索、创新和发展，潜江小龙虾产业已形成集科研示范、良种选育、苗种繁殖、健康养殖、加工出口、餐饮服务、冷链物流、精深加工、节庆文化等于一体的产业化格局。潜江小龙虾加工能力、出口创汇领跑全国。

一、生产要素

（一）初级生产要素

潜江龙虾的良好品质与潜江独特的自然资源禀赋是紧密相关的，该地最突出的自然资源特点就是“水好”。2014 年，潜江被纳入第二批全国水生态文明城市建设试点城市。

潜江雨量充沛，河流纵横，水资源丰富。汉江从北面穿过，东荆河自北向南贯穿全境，境内有返湾湖、白露湖、张家湖等大中型湖泊十余个，以百里长渠、东干渠、万福河、西荆河、中干渠等人工河为主干，河流由北向南流，呈平行状水系，自然河、人工河交错，形成了五里一渠，十里一湖的水乡。为保障虾源新鲜、干净，每年 3 月份潜江水务局就开始全面调水，将汉江优质水源通过水利工程送到田间地头。为加强工程配套，全市坚持每年冬春水利基本建设，对市镇村主要河渠进行疏浚，改善通水条件。

（二）高级生产要素

1. 品牌

潜江龙虾获得过很多荣誉。2018 年农业农村部授予“潜江龙虾”“农产品地理标志产品”称号，国家知识产权局商标局认定“潜江龙虾”商标为“驰名商标”。潜江也获得过很多荣誉，比如“中国小龙虾美食之乡”“中国小龙虾加工出口第一市”等。“潜江龙虾”是中欧互认 100 个地理标志产品之一。

2. 技术

牢牢抓住核心技术，是提升潜江龙虾产品品质的关键。潜江是全国稻田综合种养示范市，在龙虾养殖、繁育、加工、餐饮技术上共有 14 项标准。其中包括《潜江龙虾虾稻共作养殖技术规程》1 项国家级行业标准，《克氏原螯虾人工诱导繁育技术规程》等 6 项湖北省地方标准和 7 项潜江市地方标准，涵盖全产业链的小龙虾标准体系已经形成。

潜江国家农业科技园区已形成集小龙虾良种繁育、健康养殖、精深加工、餐饮服务、冷链物流等于一体的产业化格局，可以为小龙虾产业发展提供良好的科技支撑。

二、需求条件

每年有外地人到潜江吃小龙虾，外地食客主要来自武汉、荆州等地。随着潜江龙虾名气不断增大，甚至湖南、江西、浙江、山东等外省的食客也到潜江来吃小龙虾。旺盛的需求促进了潜江龙虾餐饮行业的发展，潜江现有龙虾餐饮店 2000 多家。

随着各地游客数量增多，龙虾的口味需求也开始变得多样化。俗话说“众口难调”，来自全国各地的消费者的需求促进了潜江小龙虾餐饮企业的创新。在潜江，小龙虾的做法非常多。厨师们将各地的口味、喜好、文化等深度融合，开发了很多龙虾菜品。除了油焖大虾、蒜蓉虾、卤虾这些传统经典口味，潜江近年来又研发了橙香绝味虾、川香冷吃虾串等龙虾菜品。当地涌现出“虾皇”“小李子”“味道工厂”等一批明星餐饮企业。

三、相关产业与支持性辅助产业

小龙虾产业是一个庞大的体系，涉及育种、检测、商贸等很多环节。若某一个环节缺失，就会影响产业的发展。潜江在小龙虾职业教育、物流、商贸等环节的服务能力比较强，为小龙虾产业发展提供了强有力的支撑。

（一）小龙虾职业教育服务

潜江龙虾学院创办于 2015 年，隶属于江汉艺术职业学院，采用单独招生的方式，用于培养普通专科层次的龙虾产业技术技能型人才。同时，学院还开设有非学历教育的短期班，如私人订制绝技班、龙虾大师班、龙虾名师班等。很多来自全国各地的学员到潜江龙虾学院接受培训。

（二）物流及商贸服务

潜江建立了“中国小龙虾交易中心”，又称“中国虾谷”。这是全国最大的小龙虾交易中心，以“互联网＋小龙虾＋流通”的模式运营，解决了产销过程中的养殖难、卖价低、买虾难、卖虾难、回款难、运输难、品质无保障七大难题。通过冷链物流体系可将小龙虾快速发往全国 400 多个城市。中国小龙虾交易中心可以为潜江小龙虾产业发展提供良好的物流及商贸服务。

四、企业战略、结构和竞争状况

潜江小龙虾产业涉及的核心环节包括小龙虾养殖、餐饮、精深加工等环节。潜江小龙虾产业发展水平很高，几乎在产业链的每一个环节都有一批优秀的企业（表2-1）。在小龙虾养殖方面，创办了一批合作社。合作社既适合农村家庭联产承包经营体制，也提升了组织化程度和经营水平。在小龙虾餐饮方面，潜江通过持续推进"万师千店"工程，在全国建起了餐饮直营和加盟店2500余家，涌现出一批餐饮明星企业，如"潜江虾皇"等。

表2-1　潜江小龙虾产业链不同环节的代表性企业

企业名称	在产业链中所处的环节	主要业务	备注
湖北省潜江市华山水产食品有限公司	精深加工	甲壳素的生产	农业产业化国家龙头企业
湖北交投莱克现代农业科技有限公司	繁育，选育，精深加工	小龙虾繁育、养殖、精深加工	农业产业化国家重点龙头企业
潜江虾皇实业有限公司	餐饮	餐饮	明星餐饮企业
潜江市衡发小龙虾养殖专业合作社	养殖	养殖	潜江市十佳农民专业合作组织

资料来源：作者根据网上资料整理

在小龙虾产品精深加工领域方面，潜江有一批优秀的企业，可生产整虾、虾仁、甲壳素及衍生品等10多个系列60多个产品，是全国很有影响力的小龙虾精深加工中心基地。有的企业推行"企业＋合作社＋农户"的产业化经营模式，使公司的生产经营与基地农户有机地结合在一起，形成"风险共担、利益共享"的利益共同体。

潜江有两家"农业产业化国家龙头企业"，一家是湖北省潜江市华山水产食品有限公司（简称华山水产），是我国第一家生产"甲壳素"的企业，产品主要用于出口，是湖北出口创汇的明星企业。该公司的生产原料主要来自小龙虾消费废弃的虾壳。在小龙虾消费的过程中，会产生大量的虾壳，回收比较困难，而该公司的成功破解了这一难题。

另一家“农业产业化国家龙头企业”是湖北交投莱克现代农业科技有限公司（简称莱克现代农业），该公司系列产品畅销国内各大主要城市以及出口欧美等20多个国家和地区，“楚江红”小龙虾荣获中国驰名商标，小龙虾加工量和出口创汇领先全国同行业。

企业是市场竞争的主体，在小龙虾产业链的每一个环节，潜江都有一批颇具实力的企业，“公司＋合作社＋农户”等形式也带动了潜江小龙虾产业组织效率的提升，这是潜江小龙虾产业竞争力的核心所在。

五、政府支持

（一）加强宣传，打造“潜江龙虾”区域品牌

1. 举办潜江龙虾节

为做大做强“潜江龙虾”品牌，推动潜江龙虾产业持续健康发展，潜江举办了“潜江龙虾节”。“潜江龙虾节”已经发展成为全国规模最大、影响力最强的小龙虾行业盛会。举办潜江龙虾节，有利于为潜江小龙虾产业的发展营造良好的环境。

以2018年第九届“潜江龙虾节”为例，节会共规划10大展区，600多家企业参展，众多与龙虾相关的企业在龙虾节上展示展销。潜江旨在将“龙虾节”打造成一个行业盛会、学术盛会、品牌盛会、经贸盛会、宣传盛会、群众盛会的“六个盛会”，凸显潜江“中国小龙虾之乡”的魅力风采。每届龙虾节都吸引了众多媒体记者前来报道，同时也有很好的宣传作用。

潜江龙虾节也是一个群众的盛会。据不完全统计，参与2018年潜江龙虾节的嘉宾、游客和市民达到2.6万人次。通过广大群众的口碑相传，潜江龙虾的品牌取得很好的宣传效果。

2. 加强广告宣传

为了打造“潜江龙虾”区域品牌，潜江在广告宣传方面的力度也非常大。首先是在中央电视台投放“潜江龙虾”的品牌宣传广告。自2018年12月3日起，一直到2019年5月31日，每周一至周五晚，央视1套都会播出潜江龙虾主题广告：“潜江

龙虾，世界共享”。从 2019 年 6 月 1 日开始，央视 1 套和 13 套播出“潜江龙虾，红遍天下”的广告宣传片，这则广告片持续播出了 4 个月。在中央电视台播出品牌宣传广告，有利于打造“潜江龙虾”区域品牌，为潜江小龙虾产业的发展营造良好的环境。

潜江龙虾还创新广告投放形式，冠名了从上海虹桥到深圳北站的高铁动车组。“潜江龙虾”高铁冠名高速列车将犹如一张流动的名片，有利于扩大潜江龙虾在旅客中的品牌影响力。

（二）政策支持

潜江小龙虾产业得到了湖北省政府和潜江市政府的大力支持。省市两级政府的支持为潜江小龙虾产业的发展营造了良好的政策环境。

湖北省人民政府 2018 年工作报告明确提出：支持“潜江龙虾”等打造区域公用品牌。2019 年 1 月，湖北省农业农村厅印发了《湖北省农产品品牌三年培育方案》，要求集中相关力量，减少品牌同质化无序竞争，将潜江龙虾打造成省级核心大品牌。

潜江市政府出台了《潜江虾-稻“走出去”实施方案》以及《潜江市人民政府关于推进“潜江虾-稻全产业链标准体系”建设的实施意见》，为小龙虾产业发展提供政策支持。

六、潜江小龙虾的钻石体系

基于以上分析，本章绘出了潜江小龙虾产业的钻石体系（图 2-1）。

近年来，小龙虾餐饮消费逐渐兴起，喜欢吃小龙虾的人越来越多，这为潜江小龙虾产业发展提供了机遇。潜江引优质汉江水灌溉虾稻田，自然资源禀赋优越，这构成了潜江小龙虾养殖的初级生产要素。潜江也很注重技术创新和打造品牌，成功培育出技术和品牌等高级生产要素。去潜江吃小龙虾的消费者不断增加，这为潜江小龙虾产业发展提供了良好的需求条件，本地旺盛的市场需求促进了小龙虾餐饮企业的产品创新，提高了竞争能力。

在小龙虾养殖、餐饮以及精深加工等产业链的不同环节，潜江都有一批优秀的企业，不仅有一批明星企业，而且还有莱克现代农业、华山水产等龙头企业，产业链条完整，产业配套能力很强。这不仅是潜江小龙虾产业竞争实力的综合体现，也是潜江小龙虾产业竞争实力强于其他地区的重要标志。因为产业链完整，加工能力

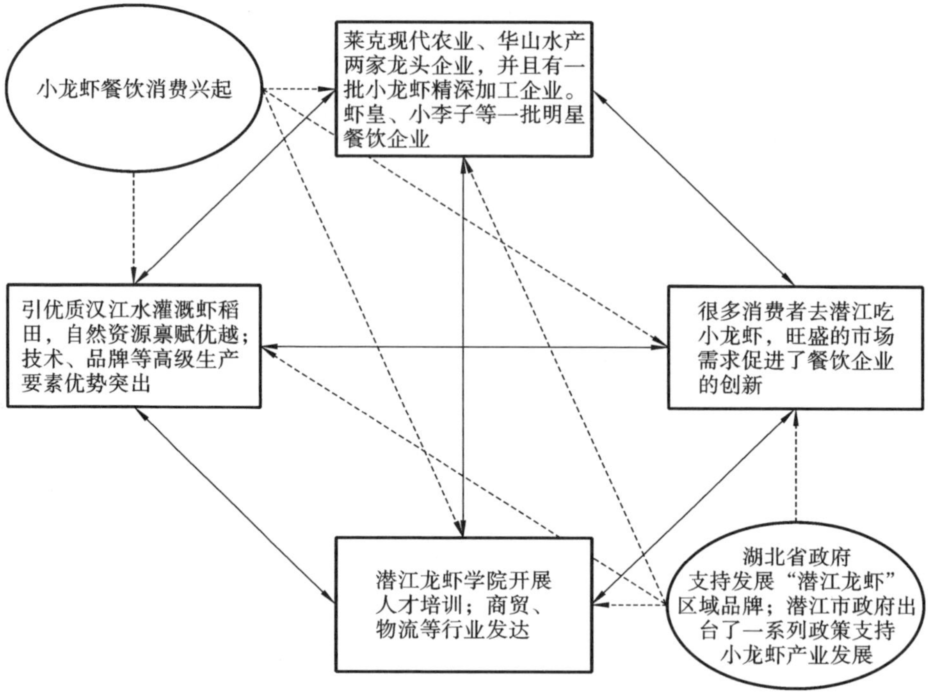

图 2-1　潜江小龙虾产业的钻石体系

强，潜江不仅能消化本地养殖的小龙虾，而且还可以收购其他地区的货源，形成了“买全国，卖全球”的局面。

潜江建立了小龙虾交易中心（中国虾谷），商贸及物流等行业发达，可以为小龙虾产业发展提供良好的服务。潜江创办了龙虾学院为小龙虾产业提供人才培训，不仅可以提供专科层次的学历教育，而且还可以提供短期技能培训。潜江拥有比较齐全的相关产业与支持性辅助产业，这非常有利于当地小龙虾产业的发展。

第二节　提升潜江小龙虾产业竞争优势的建议

本章提出了提升潜江小龙虾产业竞争优势的建议。潜江小龙虾产业发展的成功经验，也可以为其他地区发展特色产业提供借鉴。产业综合竞争实力可以从生产要素、需求条件、本地企业发展情况以及产业链的配套、相关产业与支持性辅助产业等方面去提升。

一、培育高级生产要素

生产要素包括两个层面，不仅包括自然资源等初级生产要素，而且还包括高素质劳动力、品牌、技术等高级生产要素。决定某一地区产业竞争优势的主要是高级生产要素。潜江小龙虾产业能够脱颖而出，主要原因还是当地聚集了更多高级生产要素，比如技术、品牌等。

在小龙虾产量大县中，拥有大学的县市很少。然而，潜江却拥有一所大学江汉艺术职业学院，并且依托该学院创办了“潜江龙虾学院”。要发挥好“潜江龙虾学院”以及江汉艺术职业学院在培育高级生产要素方面的作用。要依托“潜江龙虾学院”培养高素质劳动者。

江汉职业艺术学院设计制作了龙虾题材动画《潜江龙虾》，该动画已经开始播出。这有利于丰富“潜江龙虾”的品牌内涵。以小龙虾为主题，发展文创产业，开发文具、玩偶、配饰、纪念品等实物创意产品是潜江小龙虾产业发展的一个重要方向。而这些都需要聚集高级生产要素。

二、促进小龙虾产业和旅游产业融合发展

随着“潜江龙虾节”的举办，每年到潜江来吃小龙虾的游客数量很多，旺盛的市场需求促进了潜江龙虾餐饮企业的创新，提升了这些企业在市场上的竞争能力。潜江龙虾餐饮企业已经不再局限于潜江本地，开始“走出去”，以加盟店的形式在外地开店。这些餐饮企业在本地激烈的竞争中提升了竞争实力，这种竞争能力也有利于它们在潜江以外的餐饮市场获得竞争优势。

要促进龙虾产业和旅游产业融合发展。要以“龙虾＋旅游”为载体，把潜江打造成全国知名的小龙虾文化旅游创意中心。推出“魅力虾乡一日游”等旅游线路，彰显潜江龙虾农耕、饮食、生态等文化。积极发展旅游业有利于保持并扩大对潜江小龙虾的市场需求，有利于提升潜江小龙虾产业的竞争优势。

三、增强企业活力

企业是市场竞争的主体，能否培育出一批有竞争力的企业，是衡量某一地区产业集群发展水平的重要标志。增强企业活力是潜江小龙虾产业进一步发展的关

键。与小龙虾相关的企业大都是民营企业。2019年初，潜江出台了《关于以更大力度支持民营经济发展的实施意见》。要按照该意见的要求，进一步优化营商环境；支持企业科技创新；鼓励企业加强质量管理，打造企业品牌；鼓励企业实施技术改造，包括设立技改专项资金、提供技改设备购置补贴、鼓励厂房改造提升等措施；要通过这些措施增强企业活力。

四、促进相关产业与支持性辅助产业的发展

湖北潜江小龙虾产业的发展水平很高，这与其相关产业与支持性辅助产业的发展有密切的关系。潜江要进一步支持文创、会展、商贸、物流等相关产业与支持性辅助产业的发展，为小龙虾产业的发展创造良好的环境。

五、政府对小龙虾产业加强引导和支持

小龙虾产业的发展涉及很多方面，需要政府来组织协调。潜江小龙虾特色产业取得了很大的成绩，这得益于政府的引导和支持。潜江小龙虾产业要取得进一步发展，也需要政府加强引导和支持。潜江小龙虾产业涉及养殖、餐饮、精深加工、节庆等不同环节；在潜江，小龙虾行业的从业人员约有15万人，不仅包括广大虾农，而且包括餐饮企业、加工企业、商贸物流企业的从业者。要确保产业健康发展，不仅需要借助市场的力量，也需要发挥政府的作用。

首先，政府要提供公共产品。比如举办潜江龙虾节，打造“潜江龙虾”公共品牌。其次，政府要确保市场秩序。加强产品质量方面的检测和执法，确保潜江龙虾的产品品质。再者，政府要对行业加强引导。引导产业升级，引导产业向着科技含量更高、品牌贡献率更高、附加值更高的方向发展。

（原文刊登于《农村经济与科技》2024年1期）

第三章
随州香菇特色产业发展战略研究

随州是闻名遐迩的“中国香菇之乡”,“随州香菇”是湖北随州很有影响力的特色产业。随州的自然环境适合香菇生长,这是香菇产业发展的初级生产要素。随州香菇的品牌优势明显,这是产业发展的高级生产要素。随州香菇出口 40 多个国家和地区,在满足不同消费市场的过程中,随州香菇的产品品质以及生产管理水平也得到了提高。在香菇生产以及精深加工等环节,随州有一批优秀的企业。随州当地企业和科研机构开展了产学研合作,随州组建了湖北省香菇产业技术研究院,这有利于提升当地香菇产业技术水平。政府为随州香菇产业发展创造了良好的环境。本章对随州香菇产业的发展提出了建议:注重开拓内销市场;保护林木资源;注重技术创新;加强品牌建设;建设随州香菇产业园;发挥政府在促进随州香菇产业发展中的作用。

第一节　随州香菇产业竞争优势分析

一、生产要素

(一) 初级生产要素

随州地处长江、淮河之间,南依大洪山,北靠桐柏山,这种独特的地理环境对发展香菇产业非常有利。随州拥有天然优质的生产用淡水资源,随州地形大都为丘陵,有着广袤的森林资源,非常有利于食用菌行业的原料采集。随州年平均温度为 14.9～15.9 ℃,日照率达 46%,年平均降水量 800～1200 毫米,当地的自然条件为食用菌的生产提供了良好的条件。随州自然环境优越,适合食用菌的生长,这为随州香菇产业发展提供了优质的初级生产要素。

（二）高级生产要素

1. 品牌

“随州香菇”是很有影响力的农产品区域品牌，“随州香菇”获得了“农产品地理标志”登记认证。随州获得了“全国香菇之乡”“全国花菇之乡”等一批金字招牌。

2. 技术

随州在香菇生产技术方面具有很强的优势。食用菌生产企业与华中农业大学等相关高校进行合作，对食用菌生产技术进行研究，并将研究成果在当地推广。

由于对生长环境的要求较高，香菇种植受季节限制，夏冬两季不宜栽培，这就导致传统香菇种植的产量小。随州成功研发出了香菇全年种植技术，突破了季节限制，大大提高了香菇的产量。

二、需求条件

“鲜菇内销、干菇出口”是随州香菇的传统销售模式。随州香菇在出口方面表现优异，出口市场遍布日本、俄罗斯、美国等 40 多个国家和地区。在满足不同消费市场的过程中，随州香菇的产品品质以及生产管理水平也得到了提高。

三、相关产业与支持性辅助产业

（一）科技支撑

随州香菇企业与华中农业大学以及上海市农业科学院等科研院所开展了合作，在开发食用菌新品种等方面取得了多项科研成果。

随州依托湖北裕国菇业股份有限公司（简称裕国股份）创建了湖北省香菇产业技术研究院。该院组建了多层次的科研团队，积极开展产学研合作，与湖北省农科院、华中农业大学开展合作攻关，取得了一批科研成果。研究院以服务产业为目的，是提升随州香菇产业技术水平的重要支撑。

（二）商贸服务

在随县三里岗、殷店、草店、万和和广水吴店这五大香菇市场，常年交易量达 6

万吨以上。其中三里岗市场被誉为全国香菇市场价格的“晴雨表”。随州香菇市场很活跃,可以为香菇产业提供较好的商贸服务。

四、企业战略、结构和竞争状况

不论是在香菇栽培环节,还是在香菇精深加工环节,随州都有一批优秀的企业。这些企业是随州香菇产业竞争实力的体现。在香菇种植方面,以裕国股份、湖北中兴食品有限公司(简称中兴食品)等龙头企业为代表的香菇企业在随县、广水市、曾都区等地建立了种植基地,采取集中制棒,规模栽培的形式,降低了生产成本。在香菇精深加工环节,裕国股份、中兴食品等企业具有较强的实力,香菇精深加工产品类型丰富,主要包括香菇酱、香菇零食、香菇面条、香菇酱油等,这些产品受到消费者的欢迎。

(一)裕国股份

裕国股份是全国食用菌行业的先行者和领军者,是香菇农业产业化国家龙头企业、国家林业龙头企业、通过美国食品安全 FDA 认证企业、获得对外检验检测资质和药品生产许可企业,荣获“全国守合同重信用企业”“中国质量诚信企业”“全国农产品加工示范基地”“国家级农业标准化示范区”等多项殊荣。裕国股份在随县建立了香菇科技产业园,园区以干香菇加工为主,集香菇栽培、精深加工、科技研发、生物提取和香菇文化展示五大功能于一体。该公司组建了香菇研究院。香菇研究院建成了具有国内一流水平的智能香菇大棚,可满足常年对香菇研究开发的需要,研究院的检测中心可满足对香菇指标的检测需要。

(二)品源(随州)现代农业发展有限公司

品源(随州)现代农业发展有限公司是集农业研发、食用菌种植、农产品精深加工及出口贸易为一体的农业产业化国家重点龙头企业,是随州香菇产业精深加工代表企业。生产的干制食用菌、香菇酱料等系列产品远销东南亚及欧美等多个国家和地区。

该公司是国家高新技术企业、农业农村部农业国际贸易高质量发展基地、湖北省林业产业化重点龙头企业、湖北省支柱产业细分领域隐形冠军培育企业、湖北省专精特新“小巨人”企业、湖北省扶贫龙头企业、湖北省信息化和工业化融合试点示范企业。2017 年,“菇的辣克 GOOD LUCK”牌香菇辣酱系列产品通过出口资质认证,成为湖北省第一家香菇酱出口企业。同时,品源(随州)现代农业发展有限公司也是 2019 年第七届世界军人运动会运动员餐厅供应商。

五、政府支持

首先,为了支持香菇产业发展,当地政府出台了一系列政策。比如,在 2020 年 12 月,随州市政府出台了《市人民政府关于促进香菇产业高质量发展的十条意见》,意见中明确提出把随州打造成服务全国的菌种研发推广中心、全国重要的现代化香菇种植基地、全国领先的香菇出口基地和国家级香菇精深加工产业集群。

其次,当地政府举办了“香菇产业博览会”,成为香菇产业招商引资、品牌宣传、合作交流、产销对接的重要平台。

六、随州香菇产业的钻石体系

基于以上分析,本章绘出了随州香菇产业的钻石体系(图 3-1)。

改革开放以来,随州香菇产业迎来了良好的发展机遇。随州香菇出口 40 多个国家和地区,在满足不同消费市场的过程中,随州香菇的产品品质以及生产管理水平得到了提高。随州当地的自然环境很适合香菇生长,这构成了香菇产业发展的初级生产要素。随州成功培育出“随州香菇”公共品牌,随州香菇产业的技术优势也比较突出,品牌优势和技术优势是随州香菇产业发展的高级生产要素。

随州当地拥有裕国股份等一批龙头企业,形成了较为完整的现代化香菇产业链。随州当地的企业与科研机构开展合作,组建湖北香菇产业技术研究院,这有利于随州香菇产业技术创新;当地香菇市场较为活跃,可以为香菇产业发展提供较好的商贸服务。湖北省政府支持发展“随州香菇”区域品牌;随州市政府出台了一系列政策支持香菇产业发展,政府在促进随州香菇产业发展的过程中发挥了很重要的作用。

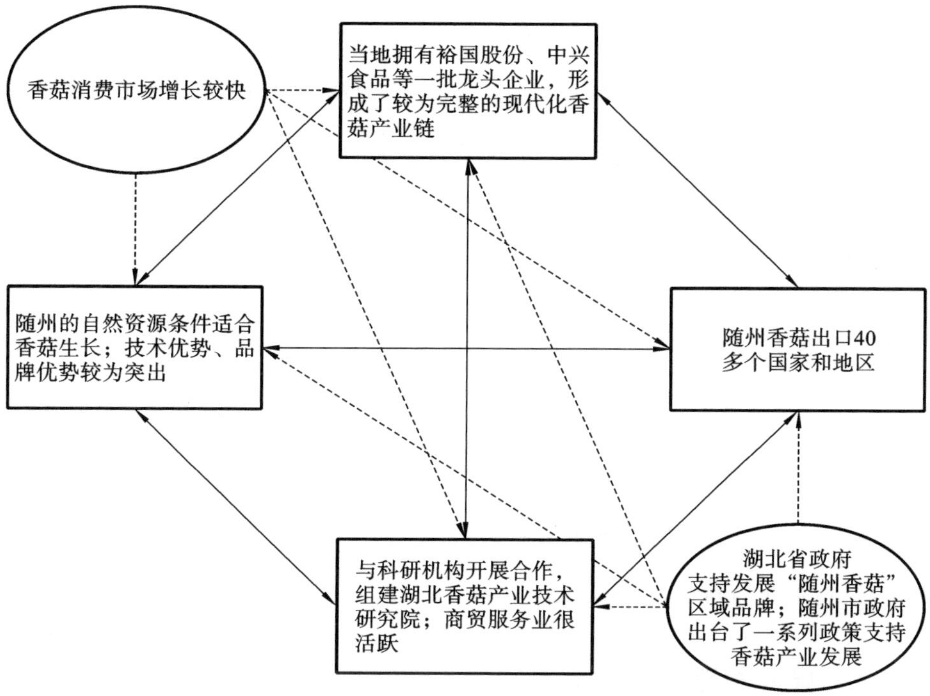

图 3-1　随州香菇产业的钻石体系

第二节　提升随州香菇产业竞争优势的建议

根据以上分析，对随州香菇产业的发展提出如下建议。

一、注重内销市场

随州香菇要积极融入国际国内双循环，不仅要巩固国际市场，而且要积极拓展国内市场。在拓展国内市场方面，随州有一些香菇企业已经进行了成功的尝试。比如品源(随州)现代农业发展有限公司2020年国内销售额为1.5亿元，是2019年的3倍。在内销方面，该公司已经与美团、饿了么、华联超市等电商和商超建立了合作关系。该公司的经营实践表明，国内市场具有较大的增长潜力。随州香菇企业要积极开拓国内销售市场。

二、保护林木资源

菌棒制作是香菇生产环节最基础的步骤，无论是过去的椴木菌棒还是现在的袋料菌棒，对林木资源的需求量都是较大的。久而久之就会造成菌林关系紧张等问题。如果过度消耗林木资源，就会造成香菇种植过程中的前期准备成本上涨，既不利于种植环境的维护，又会削弱随州香菇产业的竞争优势。要保护林木资源，促进随州香菇产业长远可持续发展。

三、加强技术创新

一方面，要发挥湖北香菇产业技术研究院的作用。湖北香菇产业技术研究院是促进随州香菇产业技术创新的重要平台，要依托该平台努力探索新技术，推广、应用先进成果，更好地推动随州香菇产业发展。另一方面，要鼓励香菇企业加强技术创新，鼓励企业与科研院所开展合作。

四、加强品牌建设

湖北省人民政府2018年工作报告明确提出，培育“随州香菇”国家级品牌；要进一步强化公用品牌建设；引导符合条件的企业统一使用“随州香菇”国家地理标志证明商标和农产品地理标志，进一步推进“随州香菇”公用品牌规范使用，提高“随州香菇”品牌的辨识度和公信力。

五、建设随州香菇产业园

随州市规划建设香菇产业园，占地3500余亩，涵盖会展中心、交易市场、精深加工、物流仓储、技术研发、文化博览、配套服务、综合商务八大功能区。香菇产业园的一期工程“湖北随州神农香菇智慧交易城项目”已经开工建设，主要建设香菇博览馆、农特产品展示展销中心、农产品电子商务和大数据中心、冷链物流区、综合交易体验区及配套服务区。该项目建成以后，将为随州香菇产业发展提供全方位的现代化服务。

六、发挥政府在促进产业发展中的作用

要发挥政府在提供公共产品方面的作用，比如举办香菇博览会，打造“随州香菇”公共品牌。政府可以从战略层面对随州香菇产业发展进行规划，引导香菇产业持续平稳健康发展；要加强对香菇产业发展工作的领导和统筹，为香菇产业创造良好的发展环境。

（原文刊登于《科技创业月刊》2021 年第 3 期）

第四章
湖北蕲春蕲艾特色产业发展战略研究

蕲艾产业是蕲春县的特色优势产业。本章将基于波特钻石模型的分析框架，对蕲艾产业的生产要素进行分析。蕲春的地理环境很适合艾草的生长，当地生产的艾草具有优良的品质，这构成了蕲艾产业发展的初级生产要素。蕲艾区域品牌具有很强的品牌知名度，当地一些蕲艾生产企业也有一定的品牌优势。蕲春注重技术研发，当地蕲艾产业具备一定的技术优势。品牌和技术构成了蕲艾产业的高级生产要素。中国自古就有使用艾草的传统。随着人们对生活品质要求的不断提高，人们对艾产品的需求也越来越旺盛。蕲春建有李时珍中药材交易中心和蕲艾产业技术研究院，这可以为蕲艾产业发展提供商务服务和科技支撑。蕲春涉艾市场主体超过3000家，其中有一批颇具规模和优势的龙头企业。不论在国家层面，还是在湖北省层面，还是在蕲春县层面，都出台了政策支持中医药产业发展，这为蕲艾产业发展提供了良好的政策环境。本章对促进蕲春蕲艾产业发展提出了建议：建议促进蕲艾产业和旅游业融合发展；建议进一步提升对蕲艾产业的配套服务水平；建议加强标准建设，提升行业影响力；建议加强产学研合作，提升产业科技优势；建议进一步提升品牌优势，提升蕲艾产品的附加值；要保护艾农利益，确保蕲艾产业原料优势。

第一节　蕲春蕲艾产业竞争优势分析

一、生产要素

（一）初级生产要素

蕲春县位于大别山南麓，长江中下游北岸。蕲春县为亚热带大陆性季风气候，其地域内四季分明、雨量丰沛、冬冷夏凉、气候温和，年均无霜期249.1天，年均降水量1341.7毫米，年均日照时数2025.8小时，年均气温16.8度，对中药材的生长极为有利。

生长于蕲春的艾草相较其他产地的艾草来说植株高大、色泽青绿，可生长到1.8米到2.5米，而普通艾草色泽黄绿，植株只有0.5到1.2米。蕲春艾草叶厚、被毛密且长，七尖艾居多，极品为九尖艾。其中九尖艾在明朝时是拥有“贡品”资格的。蕲春艾草的香气浓郁，而普通艾草只有略微清香。不仅如此，优越的地理位置优势使蕲春艾草的有效成分也远超其他产地的艾草。蕲春艾草所含的已知化合物多达17种，并且其已知化合物中的精油含量、总黄酮含量、燃烧发热量等相比其他产区的艾草产品优势明显。

（二）高级生产要素

1. 品牌

蕲春以创建蕲艾国家地理标志产品示范区为契机，坚持以蕲艾全国区域公用品牌为引领，鼓励创建企业品牌，将蕲艾品牌打造成市场优势品牌，用强大的品牌效应吸引企业和产品聚合。在“2023中国品牌价值评价信息”发布活动中，蕲艾以品牌价值110.05亿元荣登全国区域品牌（地理标志）第30位，也是唯一入围前30强的湖北地标品牌。

湖北蕲艾堂科技有限公司（简称蕲艾堂）、湖北鼎艾科技有限公司（简称鼎艾）、李时珍国灸集团（湖北）有限公司（简称李时珍国灸）、蕲春千年艾科技有限公司（简称千年艾）四家企业荣获“点赞2023我喜爱的中国品牌”，蕲仁堂公司入围2023年荆楚品牌运用工程名录，“蕲珍阁”牌蕲艾、“蕲仁堂”牌蕲艾分别获得湖北省地理标志大赛金奖和“我喜爱的湖北品牌”电视大赛金奖。

蕲春蕲艾产业的蓬勃兴起，推动了蕲春艾灸疗法、蕲春艾灸师劳务品牌的全面发展，2018年“蕲春艾灸师”获评省级劳务品牌，2020年被人社部评为创新型劳务品牌，2021年获全国“我最关注的劳务品牌”第一名，2022年位列湖北省90个重点劳务品牌首位。“蕲春艾灸师”已经发展成为很有影响力的劳务品牌，这有利于蕲春艾灸馆在全国各地的开设。

2. 技术

蕲春艾草产业具有技术优势。蕲春联合中南民族大学、湖北中医药大学等科研院校,制订、修订各类蕲艾标准 27 项,其中国际标准 1 项、国家标准 2 项、省级地方标准 8 项、团体标准 16 项。其中,《地理标志产品蕲艾》系列标准荣获湖北省"十大荆楚好标准",《蕲艾绒分级质量标准》被中国民族医药学会授予"科学技术一等奖"。

蕲春当地组织开展蕲艾系列标准线上线下培训活动,不断强化蕲艾生产技术规程等先进标准的宣传推广和实施应用。蕲春当地推广艾叶标准化、规模化、机械化种植,促进了艾叶增收。蕲春艾叶的挥发油、总黄酮、燃烧热值等质量指标明显优于其他艾叶。

截至 2023 年 5 月,蕲春 67 家蕲艾企业完善质量管理体系,成功通过 ISO9001 认证,3 家企业获得"时珍质量奖"。蕲春强化蕲艾药准字号、药用二类以上器械和中药饮片等开发,推动蕲艾从大健康消费品向有更高技术含量的中医药品延伸发展,研发出 18 个系列 1000 多款蕲艾产品,2022 年取得授权发明专利 17 项,实用新型和外观设计专利超过 600 项。

二、需求条件

中国自古就有使用艾草的传统,老百姓对艾草产品的接受度较高。随着人们越来越关注生活品质,艾草的市场需求也越来越旺盛。现代人生活工作的节奏紧张忙碌、压力极大、饮食睡眠不规律等导致亚健康人群比重不断增加;随着人们生活水平的不断提高,越来越多的人开始关注养生,以艾灸为代表的中医养生因为其副作用小,在中国市场上越来越受欢迎。目前,很多城市的大街小巷出现了提供艾灸服务的艾灸馆。

由于旺盛的市场需求,"蕲春艾灸师"已经成为艾灸养生市场的"香饽饽"。据统计,目前该县"蕲春艾灸师"培训机构已达 19 家,全国"蕲春艾灸师"连锁培训机构达 200 余家,累计培训"蕲春艾灸师"6 万人,全国蕲春艾灸直营或加盟店达 1.5 万余家,带动全县全产业链就业创业 30 万人。

三、相关产业与支持性辅助产业

(一)湖北蕲春李时珍中药材交易中心有限公司

湖北蕲春李时珍中药材交易中心有限公司是湖北省唯一的中药材现货交易场

所。交易中心以服务实体产业为根本宗旨，以中药材仓单管理服务为核心，融合“资讯传递、交易集散、仓储物流、仓单认证和金融服务”多项功能为一体，逐步建立起保真购销市场、封存交易市场等形式多样、层次丰富、功能完备的中药材现货市场体系，为产业链各节点提供多元服务，从而进一步提升我国中药材行业流通效率、提高中药材供给质量。交易中心已经于2020年启动了蕲艾、艾叶等中药材品种挂牌交易，初步具备为产业链中不同环节的企业提供多元化平台服务的能力。交易中心力求通过交易机制、平台服务的创新，促进蕲艾产业的发展。湖北蕲春李时珍中药材交易中心有限公司可以为蕲春蕲艾产业的发展提供有力的支撑。

（二）湖北蕲艾产业技术研究院

围绕“着眼全产业链，结合市场、企业发展推动蕲艾产业走向标准化、高端化、品质化道路”的建设目标和定位，蕲春县创新投资运行管理模式，按照“政府主导、企业参股、校企融合、企业化管理、市场化运作”模式，成立了湖北蕲艾产业技术研究院。

该研究院立足于蕲春县蕲艾产业基础，以高校的科技成果和人才优势为依托，在优势企业内实现科技创新成果对接转化，为促进当地蕲艾产业集群发展提供强有力的支撑。该院联合县科经局组织开展企业技术需求征集，先后走访多家涉艾龙头企业，与企业开展座谈交流，实地察看企业产品开发、技术工艺、科技研发等情况，详细了解企业发展现状及技术需求，对企业存在的技术问题进行详细解答，现场开展技术指导服务，并收集样品用于研发分析与质量检测，针对关键共性技术开展研究。

四、企业战略、结构和竞争状况

蕲春登记注册涉艾市场主体超过3000家，其中过亿元企业7家；规上企业23家，高新技术企业25家。蕲春涌现了一批以艾草为原料的优秀企业，如以下企业就是蕲春涉艾企业的优秀代表。

（一）李时珍国灸集团（湖北）有限公司

李时珍国灸集团（湖北）有限公司是一家集蕲艾种植、研发、生产与销售于一体的科技型民营企业，是当地蕲艾产业龙头企业。该公司占地200亩，员工300余人，年消化蕲艾叶 3000 余吨，能生产蕲艾灸、蕲艾贴敷、蕲艾洗护、蕲艾器具、蕲艾化妆、蕲艾中药饮片六大系列 200 多种各类型号、规格的蕲艾产品，年销售收入近亿元。公司建有 2000 亩的蕲艾种植生产基地，获得了“妆”“消”字号生产许可证，新建有现代化蕲艾六大系列产品生产车间，公司推行了卓越绩效管理，通过了 ISO9001 质量管理和卓越售后服务体系认证，创建了“蕲珍阁”“药圣贡艾”等七大品牌。公司被授予“国家地理标志专用标志使用企业”“湖北专精特新小巨人企业”“2020 年湖北省地理标志品牌培育创新大赛金奖企业”等称号。公司努力发展成为集蕲艾、中药材、产品加工、科研、产品制造、工业旅游观光为一体的全产业链、高科技的龙头企业集团。

（二）湖北大明古艾科技有限公司

湖北大明古艾科技有限公司（简称大明古艾）是一家集蕲艾种植、加工、收购、销售，以及电商培训、艾灸器具的研发生产为一体的综合性蕲艾大健康企业。同时，该公司也是一家集蕲艾生产加工、收购、仓储和电商为一体的产业化重点龙头企业。总占地面积 100 亩，员工总数 500 余名，公司拥有贴剂、蕲艾系列产品、艾灸器具、艾灸布艺、蒲团坐灸等多条生产线。该公司建有标准化蕲艾基地，面积 1500 余亩，蕲艾基地实行全程监控，实现了蕲艾种植、收割、存储的标准化，确保无公害和绿色天然。

（三）湖北鼎艾科技有限公司

湖北鼎艾科技有限公司是一家以蕲艾为核心原料，集种植、研发、生产、销售、养生保健为一体的现代化公司。公司开发了蕲艾养生系列产品，如蕲艾灸系列、蕲艾日化系列、蕲艾香薰系列、蕲艾足浴系列、蕲艾精油系列、蕲艾家居系列等产品。公司建有标准化厂房 4 万余平方米，是一家大型蕲艾制品生产厂。在全国各地开有艾灸养生馆 40 余家。公司获有湖北名牌、时珍质量奖等荣誉称号，并通过了质量管理体系 ISO9001 认证，环保管理体系 ISO14001 认证。

（四）湖北惠春蕲艾健康产业发展有限公司

湖北惠春蕲艾健康产业发展有限公司是一家集蕲艾种植、研发、加工、销售、艾灸师培训为一体的全产业链企业。该公司设有中药材展示交易中心、仓储中心、接待中心、科研中心、检测中心、物流加工服务中心。集仓储与养护、质量检验检测与追溯、加工与包装、销售与融资等于一体。在推动蕲艾种植、农民增收、带动贫困户脱贫中发挥了重要作用。在全县范围内形成了“企业＋合作社＋基地＋农户”的新型农业产业化模式，形成了以企业拓市场，以基地带农户的格局。

（五）蕲春桂康艾业有限公司

蕲春桂康艾业有限公司拥有一个蕲艾种植基地，该基地位于蕲春县赤东镇五斗地、竹瓦、黄通八等村，蕲艾种植 4000 余亩，主要以“基地＋合作社＋农户”的模式经营，按照国家现代农业（蕲艾）产业园蕲艾绿色示范种植基地建设，按照标准化收购点配套蕲艾仓储、收购板块，建有蕲艾精油提炼车间，配套 2 条蕲艾精油生产加工链，每年为村集体增收 200 余万元，带动周边村民 200 余人就业。

五、政府支持

从国家层面来说，国家大力支持中药产业发展。2023 年 2 月，国务院办公厅发布了《中医药振兴发展重大工程实施方案》，提出要围绕中药种植、生产、使用全过程，充分发挥科技支撑引领作用，大力推进中药材规范种植，提升中药饮片和中成药质量，推动中药产业高质量发展。蕲春蕲艾产业是很有影响力的特色中药材产业。国家关于中医药政策的出台为蕲春蕲艾产业的发展提供了机遇。

2022 年 11 月，湖北省中医药工作厅际联席会议办公室印发了《湖北省“十四五”中医药发展规划》，规划提出要唱响李时珍中医药文化品牌，要丰富李时珍中医药文化内涵，打造富有湖北特色的中医药文化品牌。持续办好“李时珍诞辰纪念日”等品牌活动。要实施中医药文化精品行动，引导创作一批以李时珍为 IP 的中医药文化纪录片、网络视频、文学作品等中医药文化精品和创意产品。要充分发挥李时珍与《本草纲目》的国际影响力，巩固拓展与有关国家、政府间中医药合作与交流。2022 年 12 月，中共湖北省委、湖北省人民政府出台了《关于促进中医药传承创新发展的实施意见》，意见指出要唱响李时珍中医药文化品牌；提炼以李时珍为标志的湖北中医药文化精神内涵；持续办好以李时珍命名的品牌活动和国家级中医药学术论坛；打造中医药文化国际传播基地，创作一批中医药文化纪录片、影视剧、网络视听节目、文学作品。蕲春是李时珍的故乡，用好李时珍中医药文化品牌将会对蕲春蕲艾产业的发展起到积极的促进作用。

湖北省《关于促进中医药传承创新发展的实施意见》还指出要发展中医药新业

态。建设一批中医药特色健康旅游基地、森林康养基地，研发一批中药功能性食品、保健品和化妆品，建成一批中医药特色医养结合机构，推动中医药与养老、养生、旅游、食品、文化等融合发展。支持社会力量兴办中医养生保健机构，大力发展艾灸服务。这不仅有利于“蕲春艾灸”的发展，而且有利于蕲春“蕲艾小镇”的发展，蕲艾小镇包括东壁阁酒店、明清仿古商业街、清风别院美式度假木屋、生态鱼庄、本草纲目会议会展中心、蕲艾农业观光园等，是一个集医药、商业、娱乐、游憩、展示、民宿于一体的国际中医药养生旅游目的地。

为了促进蕲艾产业发展，蕲春县出台了《关于促进蕲艾产业链高质量发展的若干意见》，意见提出了蕲春发展蕲艾产业的总体目标，要完善蕲艾产业体系，推进基地规模化、生产标准化、管理集约化、销售品牌化、经营产业化、产品多样化，培育大企业、树立大品牌、占领大市场，打造百亿园区、千亿产业，努力把蕲艾产业集群建设成为湖北省重点成长型产业集群，将蕲春建设成为全国乃至世界艾草产业标准制定者、艾草产品研发引领者、艾草产业领航者。要建立完善收储体系，确保蕲艾应收尽收，合理布局蕲艾收购网点，形成县乡结合、上下联动的蕲艾收储体系，这就免除了广大农民的后顾之忧。

在蕲春县政务服务大厅建立了涉艾企业“绿色通道”，设立“艾之家”综合服务窗口，采取全过程、全链条、全方位的闭环服务模式，集中受理蕲艾产业链各类市场主体相关的行政审批和服务事项、政策咨询、奖补资金申请发放等工作，实现涉艾事项“一门全办、一窗通办、一次办好”，全力服务于蕲艾产业发展。

蕲春县自主开发了“艾之家”一网联办系统，围绕梳理事项清单，优化办事流程，制定细化服务指南。该县完善工作机制，实行首席服务员制、容缺受理制、限时办结制，全力打造“极简审批”模式，方便涉艾企业办事，实现“最多跑一次”，最大限度提升涉艾市场主体的满意度。

六、蕲春蕲艾产业的钻石体系

基于以上分析，本章绘出了蕲春蕲艾产业的钻石体系（图 4-1）。

在国家层面，国家大力支持中药产业发展。2023 年 2 月，国务院办公厅发布了《中医药振兴发展重大工程实施方案》，大力推动中药产业高质量发展。这也为蕲春蕲艾产业发展提供了机遇。蕲春县为亚热带大陆性季风气候，其地域内四季分

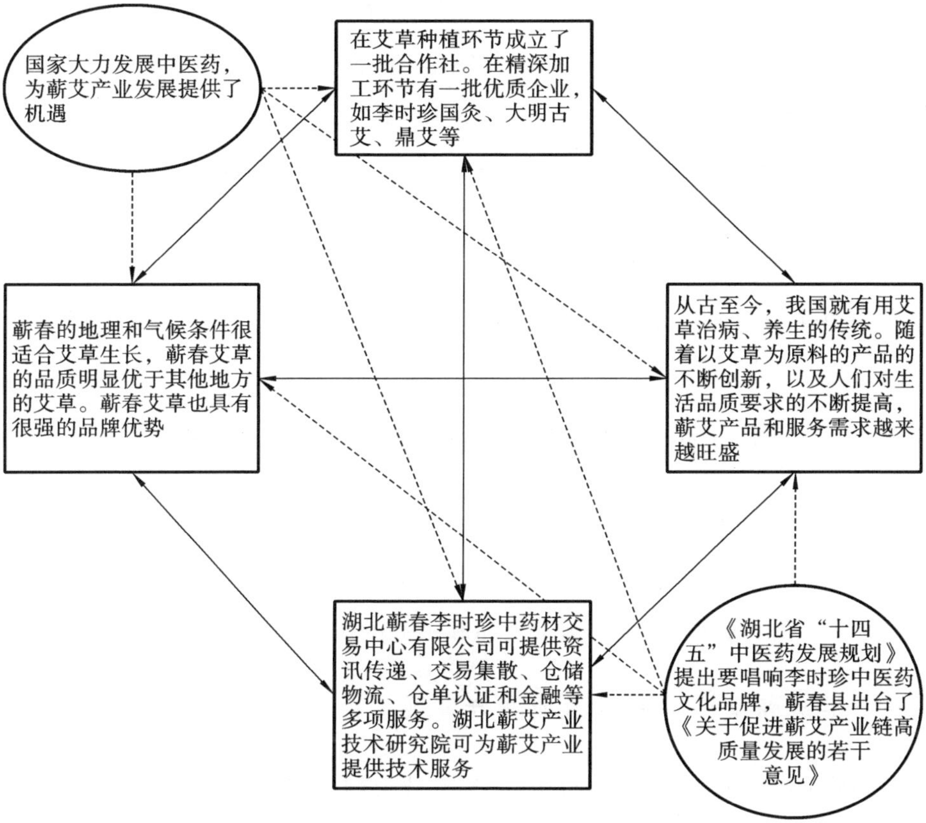

图 4-1　蕲春蕲艾产业的钻石体系

明、雨量丰沛、冬冷夏凉、气候温和，对中药材的生长极为有利。优越的自然资源条件构成了蕲艾产业发展的初级生产要素。蕲春当地生产的艾叶的品质也具有明显的优势，蕲艾和“蕲春艾灸师”都是很有影响力的区域品牌，蕲春在艾草生产方面具有技术优势，这是蕲艾产业发展的高级生产要素。

从古至今，我国就有用艾草治病、养生的传统。随着以艾草为原料的产品的不断创新，以及人们对健康生活品质的要求越来越高，蕲艾产品和服务需求也越来越旺盛。旺盛的市场需求有利于蕲艾产业的发展。湖北蕲春李时珍中药材交易中心有限公司可提供资讯传递、交易集散、仓储物流、仓单认证和金融等多项商务服务。湖北蕲艾产业技术研究院可以为蕲艾产业提供技术支持。

湖北省中医药工作厅际联席会议办公室印发了《湖北省“十四五”中医药发展规划》，规划提出要唱响李时珍中医药文化品牌，要丰富李时珍中医药文化内涵，打造富有湖北特色的中医药文化品牌。蕲春县出台了《关于促进蕲艾产业链高质量发展的若干意见》,提出要完善蕲艾产业体系,推进基地规模化、生产标准化、管理集约化、销售品牌化、经营产业化、产品多样化,培育大企业、树立大品牌、占领大市场,打造百亿园区、千亿产业,努力把蕲艾产业集群建设成为湖北省重点成长型产业集群,将蕲春建设成为全国乃至世界艾草产业标准制定者、艾草产品研发引领者、艾草产业领航者。湖北省以及蕲春县出台了一些支持中医药和蕲艾产业发展的政策,这为蕲艾产业发展提供了良好的政策环境。

第二节　促进蕲春蕲艾产业发展的建议

要促进蕲春蕲艾产业发展,不仅要确保艾草的原料优势,而且还要继续提升科技和品牌的贡献率。要促进蕲艾产业和旅游业融合发展,让消费者在旅游的过程中了解蕲艾产品和服务,增强对蕲艾产品和服务的认同。

一、促进蕲艾产业和旅游业融合发展

蕲春县推出了养生精品游,将中医中药、针灸理疗、膳食养生等与旅游融合,以李时珍文化旅游区为龙头,形成了拜医圣、赏药园、寻医道、话农桑、品药膳、体艾疗的特色养生旅游品牌。这种将蕲艾产业和旅游业相结合的方式可以让旅游者有比较充裕的时间了解蕲艾产品,进而促进消费者的认同。建议进一步促进蕲艾产业和旅游业的融合,增强消费者对蕲艾品牌和系列产品的了解,进而扩大市场需求。

二、进一步提升对蕲艾产业的配套服务水平

蕲艾产品生产加工涉及很多环节,蕲艾产业链的效率与当地的产业配套服务水平紧密相关。为保证储存艾的品质,管窑镇楼岗村引进市场主体,开办蕲艾烘干厂。目前,烘干厂可以为周边 10 多个村提供服务。在蕲艾种植基地配套建设烘干厂,就有利于提升储存艾的品质。截至 2023 年 10 月,蕲春建设万吨蕲艾仓储物流加工中心 11 家,初步建成 20 个覆盖城乡、功能齐全的收储网点,这可以为蕲艾产业发展提供收储服务。地方特色产业的高质量发展与高质量的产业配套水平是分不

开的。建议蕲春进一步提升蕲艾产业的配套服务水平，提供高质量的收储、物流和商贸服务，助推蕲艾产业高质量发展。

三、加强标准建设，提升行业影响力

蕲春致力于建立蕲艾“5P”(蕲艾 GAP 种植，GMP 加工，GSP 流通，GLP 研发，GCP 临床)国家质量标准生产体系，建立涵盖蕲艾种植、收购仓储、生产加工、产品质量、灸疗服务、品牌输出 6 大类 27 项标准，其中 ISO 国际标准 1 项，国家标准 2 项，湖北省地方标准 8 项，行业标准 16 项，成为全国艾产业行业标准引领者。其中蕲艾系列地方标准荣获湖北省“十大荆楚好标准”。建议蕲春进一步加强标准建设，通过标准建设来提高行业话语权，努力成为全国艾产业行业引领者。

四、加强产学研合作，提升产业科技优势

科技是产业发展的高级生产要素。近年来，湖北蕲艾产业技术研究院联合湖北中医药大学科研团队，先后培育出蕲艾新品种“蕲黄 1 号”和“蕲青 1 号”，并在全县推广种植。在蕲春县农业农村局的支持下，由湖北省农业机械工程研究设计院、湖北工业大学、武汉伟创科技有限公司联合研制的蕲艾全自动艾草鲜叶脱叶机已进入试验阶段。蕲艾全自动艾草鲜叶脱叶机研究成功以后，将大幅提升生产效率。建议蕲春进一步加强产学研合作，提升产业的科技含量。

五、进一步提升品牌优势

蕲春县成立了推进蕲春品牌建设工作专班，着力打造“蕲艾”区域品牌、“蕲春艾灸师”劳务品牌，从而带动企业品牌、产品品牌、服务品牌、文旅康养品牌等融合发展，形成母子品牌一体化发展格局。蕲艾堂、鼎艾、李时珍国灸、千年艾等企业也具有很强的品牌优势。蕲春艾灸师喜获湖北第一劳务品牌、全国最受关注的劳务品牌，带动蕲春艾灸馆“千城万店”计划全面实施，蕲春艾灸馆已在北京、上海、广州、武汉、长沙等地落地运营。品牌是蕲艾产业发展得天独厚的优势。蕲春要爱护已有的品牌，并且不断提升品牌知名度和美誉度，提升蕲艾产品的附加值。

六、保护艾农利益，确保蕲艾产业原料优势

蕲春以艾草为原料的企业众多，这些企业生产了很多种类的产品。为了确保产业的平稳运行，就必须确保优质艾草原料的供应，如果艾草原料供给出现困难，就会影响企业的正常生产。而要确保艾草原料的供应，就必须确保广大艾草种植户的利益。在2023年蕲艾收割季节，蕲春县蕲艾产业链工作领导小组印发了《蕲春县2023蕲艾收购工作方案》，同时发布2023年蕲艾收购政府指导价，确保全县蕲艾应收尽收，实现农户种植有效益、企业加工有原料的目标。

在2023年，蕲春县在15个乡镇办主要街道设立27个蕲艾收购点，及时公布收购企业及收购点联系方式，网点设置结合交通、仓储功能、晾晒周转场地等因素，方便农户就近出售艾叶，及时调解收购过程中的问题，确保全县蕲艾原材料优质供应、应收尽收。

为确保蕲艾品质，该县中医药产业发展中心、县农业农村局等部门对全县蕲艾种植户、专业合作社进行规范的技术培训，重点对收割时间、脱叶要求、晾晒方式、储存条件等各个环节进行技术指导，从源头上保证蕲艾品质符合企业的收购质量标准。通过这些措施，不仅艾农得到了实惠，收购企业也获得了高品质蕲艾，实现了双赢。蕲春县通过努力，在确保艾草原料供给方面积累了成功的经验。要巩固已有的成果，保护艾农利益，确保蕲艾产业原料优势。

第五章
湖北红安红薯特色产业发展战略研究

红安的气候、土壤条件特别适合红薯生长，红安红薯很有地域特色，具有良好的品质，这是红安红薯产业发展的初级生产要素。“红安苕”是全国第一个甘薯国家地理标志保护产品，具有一定的品牌优势，品牌是红安红薯产业发展的高级生产要素。红安成立了湖北甘薯产业技术研究院，可以为红薯产业发展提供技术支撑。红薯系列产品具有很广泛的市场需求。红安县建有电子商务公共服务中心和红安苕交易中心，并有一批优质的电商企业，可以为红薯产业提供良好的商务服务。红安县拥有如将乡红（湖北）食品集团股份有限公司（简称将乡红集团）、伟杰现代农业发展有限公司（简称伟杰农业）、湖北薯粮科技集团有限公司（简称薯粮集团）等一批优质的企业。红安县政府为红薯产业发展提供了良好的政策环境。本章对促进红安红薯产业发展提出了建议：要提升“红安苕”区域公用品牌的知名度；要进一步拓展产品种类；要注重对红薯加工副产物的综合利用；要打造以红苕为特色的旅游线路。

第一节　红安红薯产业竞争优势分析

一、生产要素

（一）初级生产要素

红安的地理、气候条件很适合红薯的生长，这是红安红薯产业发展的初级生产要素。红安县平均海拔 200 米，属低山丘陵区。红安昼夜温差大，有利于红薯生长，有利于提高红薯的内在品质和产量。

红安属亚热带大陆性季风气候、四季分明、气候温和、雨量充沛、光照充足、且雨热同步。因为红安的气候、土壤条件特别适合红薯生长，红安红薯也很有地域特色，有着独特的品质，皮薄肉红、少粉多糖，生吃甜而脆，熟食则温软而醇香。红安具有种植红薯的悠久历史，所产红薯以其品质好而著称。红安红薯具备其他地方红薯无法比拟的独特风味，是公认的保健食品，在市场上受到广泛赞誉。

红安县现有耕地面积为50.05万亩，适合红安苕栽培的面积约为40万亩，产业发展潜力巨大。作为湖北红薯第一县，2023年红安苕种植面积达24万亩。全县主要红薯产业市场主体以公路沿线为依托，积极推进红安苕集中连片种植，建成了三个红薯万亩示范带、三个红薯千亩示范片、三个红薯百亩技术攻关点，红安苕种植面积规模和产量位居湖北省第一位，全国第十六位。

（二）高级生产要素

科技和品牌是促进产业发展的高级生产要素。红安红薯产业在培育品牌和提升产业技术水平方面做了很多工作，取得了一定的成绩。

1. 品牌

红安苕具有一定的品牌影响力。2009年，“红安苕”成功申报为全国第一个甘薯国家地理标志保护产品，2021年获评湖北十大地理标志金奖。

2. 技术

湖北省农科院与红安县合作共建了湖北甘薯产业技术研究院，为红安苕产业的发展提供技术支持。该研究院将紧紧围绕农业结构调整，加强甘薯产业科技创新，促进科技成果转化为现实生产力，培植和壮大湖北甘薯支柱产业，实现提档升级、绿色发展。研究院将集成红安苕高效种植技术规程，建立红安苕商品质量控制技术体系和种薯种苗脱毒隔离繁育技术体系，选育观赏型红薯品种，研发“空中结薯”种植技术并建立“空中结薯”观光走廊，构建以红薯为主题的观光农业园。

2021年，红安苕被列入黄冈市十大重点农业产业链。该研究院重点围绕红安苕全产业链延链补链进行拓展壮大，将湖北省农科院的科研技术优势和红安县的红薯产业优势全面融合，全产业链上补短板，培优品种，培育龙头企业，提升产品质量，把红安苕产业做大做强。研究院围绕红安特色地标产品红安苕构建薯芋产业持续发展的集技术策源、成果转化、人才支撑、新兴企业孵化为一体的研发平台，主要开展薯芋无公害种植栽培技术、智能化轻简化生产技术、提质增效关键技术等共性关键技术的开发及产业化应用。湖北甘薯产业技术研究院有利于增强红安红薯产业的技术优势。

二、需求条件

红安生产的鲜薯可以销往超市和食堂，或者通过电商平台进行销售。以红薯为原料的加工食品苕粉是一种传统食物，已经流传了上千年，具有很广泛的市场需求。以红薯为原料生产的红薯刀削面、红薯热干面、红苕方便面、红薯酸辣粉等快销品可以在商超，以及京东、淘宝等网络平台销售，深受市场的欢迎。总之，以红薯为基础原料的产品种类很多，销售范围很广。

三、相关产业与支持性辅助产业

相关产业与支持性辅助产业可以为红安红薯产业提供服务，促进红薯产业的发展。

（一）红安县电子商务公共服务中心

红安县建有电子商务公共服务中心，为红安县从事农业实体电商销售的企业提供扶持渠道和宣传服务，该中心也为红安苕产业的发展提供了良好的电商服务。湖北大黄蜂网络科技股份有限公司承担了红安县电子商务进农村综合示范创建任务，伟杰农业与该公司在新媒体平台达成了深度合作。伟杰农业的“苕大哥”系列产品进入各大电商平台和农副产品渠道，其优良品质受到市场认可，电商销路被打开，订单不断。

（二）红安电商企业

在红安有一批优质的电商企业可以为当地鲜薯和红薯加工产品提供销售服务。比如湖北红色驿站电子商务有限责任公司是一家专业从事直播电商运营、活动策划、产品开发的电商企业，在红安建有 6 个多功能直播间和 600 平方米地标优品展示馆，该公司已经成为“美团优选”直采红安苕交易中心，“红安苕”被“美团优选”平台重点推荐，荣获直供地标（特产）品牌称号。

（三）红安苕交易中心

红安县在七里坪镇古峰岭村建有红安苕交易中心，该中心是集红薯优质种苗培育、选果分拣、保鲜储藏、产品精深加工、电商直播运营于一体的综合基地。该中心依托“互联网＋农业”模式，构建线上线下全方位多渠道销售体系，让红安苕走出红安、走向全国。红安苕交易中心可以为红安县红薯产业发展提供综合的商务服务。

四、企业战略、结构和竞争状况

有没有一批具有竞争优势的企业是衡量一个地区产业发展水平的重要标志。在红安，有一批以红薯为基础原料的企业，将乡红集团、伟杰农业和薯粮集团就是其中的代表。将乡红集团是一家大型农产品精深加工企业，伟杰农业主要从事“苕大哥”红苕酸辣粉等产品的生产，而薯粮集团主要生产薯粉系列产品。

（一）将乡红（湖北）食品集团股份有限公司

将乡红（湖北）食品集团股份有限公司是一家大型农产品精深加工企业，目前下属 3 家子公司，拥有 4 个生产基地，总建筑面积 6 万多平方米。母公司将乡红集团是以红薯刀削面、红薯热干面、非油炸红苕方便面等面食加工与销售为主的企业，是“湖北省农业产业化重点龙头企业”之一。其全资子公司湖北红福食品工贸有限公司以红安苕为主要原料生产休闲食品，也是“湖北省农业产业化重点龙头企业”。

（二）伟杰现代农业发展有限公司

在红安有一批以红薯为基础原料的优质企业，这些企业提升了红安红薯的生产组织水平和经营水平。红安二程镇的农业支柱产业之一便是红薯产业，家家农户都有种植红薯的习惯。但当地红薯商品化程度低，物流和保存困难，难以进入大型的供应链体系进行批量经营。当地创办了伟杰现代农业发展有限公司，这是一家集种植、加工、销售红薯为一体的现代农业开发企业，该公司生产的产品很受欢迎。该公司提升了当地红薯产品的附加值，改变了产品形态。伟杰农业的冷库、厂房、晒场、全自动生产线等设备先进齐全，是一家规模较大、品质很优的红安苕加工企业。

2018年3月,该公司注册了商标“苕大哥”,采用先进的自动化生产设备,凭借红安苕的优良品质,“苕大哥”牌红薯淀粉、红薯粉条受到市场广泛好评。2019年初,公司推出即食型快销产品“苕大哥”红薯酸辣粉,迅速与数家大型电商平台成功对接,凭借产品鲜香麻辣、酸辣爽口的特点,深受年轻消费群体喜爱,并跻身网红产品。

2020年,该公司组建电商营销团队,全面开拓天猫、抖音、拼多多、苏宁等电商市场,全年销售总额达到968万元。此外,“苕大哥”系列产品成功入驻200余家商超。2021年7月,伟杰农业进一步提升了红薯精深加工能力,提高红薯粉丝生产能力至日产量6吨,新建红薯酸辣粉生产线一条,年加工鲜薯能力增加至3万吨。2021年,伟杰农业与永辉超市达成战略合作,将北京、天津、内蒙古、东北三省等北方地区作为重点销售区域。同时,搭建“苕大哥”直播间,在抖音、拼多多、天猫等多平台多账号进行直播销售,全年销售总额1365万元,较2020年增长41%。

公司以“伟杰农业＋合作社＋种植户”的经营模式,提升了当地红薯产业的组织水平。伟杰农业整合红安苕上游种植资源,统一品控标准,统一收购,提供种苗、农资、金融服务、种植过程技术服务,成立了红安县双胞红苕种植专业合作社,拥有优质红安苕种植基地720亩。伟杰农业通过就业帮扶,为村民们安排了一批就业岗位。公司以订单农业的方式,带动公司所在田店村及周边各村农户发展种植红薯产业。伟杰农业协助二程镇政府对贫困户进行了红薯种植专业培训,协调当地红薯育苗基地为重点贫困户免费提供红薯种苗、肥料等。红薯种植产业成为公司所在地红安县二程镇的主导农业产业,成为贫困农户增收致富的支柱产业。

（三）湖北薯粮科技集团有限公司

湖北根聚地农业发展股份有限公司(后来发展成立湖北薯粮科技集团有限公司)于2012年在红安县觅儿寺镇注册成立,流转3000亩土地种植红薯。该公司初期种出来的红薯奇形怪状,卖相不佳,于是就在国家甘薯体系良种实验基地选了8个品种,请湖北省农科院专家进行脱毒技术攻关,制定了红薯规范化种植标准,解决了“红安苕”的品相痛点,并将红薯按大小进行分类,2两到4两的卖到超市,4两到8两的卖到单位食堂,市场反应很好。该公司还开发了清洗、整容和分级的自动化生产线。

该公司在发展过程中曾经遇到了一个难题:红薯储存难。传统的储存方法都是地窖式储存,保鲜期短,储存量小。2016 年,该公司决定建立实验室,请专家来进行技术攻关。经过四年的反复实验,该公司获得了 18 项关键数据,攻克了红薯储存难这一难题。该公司开发了鲜薯冷藏系统,解决了红薯储存难的问题,把地窖式储存变成了工厂式储存,改变了以往经验式的储存方法,实现了智能化储存。

薯粮集团联合省农科院加工所共同组建研发团队,经过 3 年不懈努力,成功攻克红薯生全粉技术,并申请多项专利。同时,该公司还投资数千万元,兴建数字化红薯生全粉生产线,生产出的生全粉可做红薯包子、红薯馒头、红薯面条、红薯面包、红薯蛋糕、红薯饼干以及红薯冰激凌、红薯奶油等休闲食品。

如今,从红薯生全粉到红薯专用粉、从红薯面条到红薯米饭,薯粮集团的红薯系列产品发展到了 60 多个品类。

五、政府支持

红安县高度重视红苕的种植。首先,红安县将红薯作为稳定粮食生产的重要内容。《2021 年红安县稳定粮食生产工作方案》提出要“扩大红苕种植面积”。红薯产业是红安县“一县一品”产业,曾是红安县脱贫攻坚的主导产业,如今是乡村振兴的主导产业。红薯是一种重要的粮食种类。红安红薯种植面积大,产量大,这也是红安在粮食生产方面的重要特色。

其次,红安县政府从产业链的角度统筹谋划红薯产业的发展。红安县制定了《红安苕产业链实施方案》,提出到“十四五”末,红安苕种植面积达到 30 万亩,实现全产业链综合产值达到 60 亿元以上,其中加工产值 40 亿元以上,产业链联农带农 10 万户以上。建设一批红安苕“一村一品”专业村,培育一批产值过亿元的产业化龙头企业,打造一批知名品牌,规划一批文化生态旅游精品线路,争创全国特色农产品优势区和国家级现代农业产业园。为推进红薯产业高质高效发展,促进乡村宜居宜业,农民富裕富足,红安县专门制定了《红安县进一步推进红苕产业高质高效发展工作方案》。红安县政府设立红苕产业发展基金,用于奖励红薯品种培优,规模化标准化生产、加工、保鲜储存,市场营销,科技创新,品牌创建等工作。

《红安县国民经济和社会发展第十四个五年规划和二〇三五年远景目标纲要》提出要加快推进红安县红薯现代农业产业园建设,支持一批农产品加工龙头企业做大做强,建设一批农产品精深加工示范基地;要打造红薯产业链;鼓励娃哈哈、上好佳、红福、阿帆等企业研发品类丰富的红薯系列产品;充分挖掘红薯的药用价值,依托娃哈哈大健康平台、藻上好、精耕等市场主体,开发推广红薯保健系列产品;依托现有的饲料产业基础,引导和支持正邦、绿色巨龙等饲料龙头企业挖掘红薯精深加工后产生的红薯残余资源饲料化利用潜力,转化为便于工业化生产使用的饲料原料。该规划还谋划了红安苕田园综合体项目,对建立标准化红薯种植基地、建设红薯淀粉加工厂、完善红薯保鲜储存库、建设红薯分拣包装车间、建设红安苕主题广场、建设红安红苕展示交易中心等项目进行了谋划。

六、红安红薯产业的钻石体系

基于以上分析,本章绘出了红安红薯产业的钻石体系(图 5-1)。

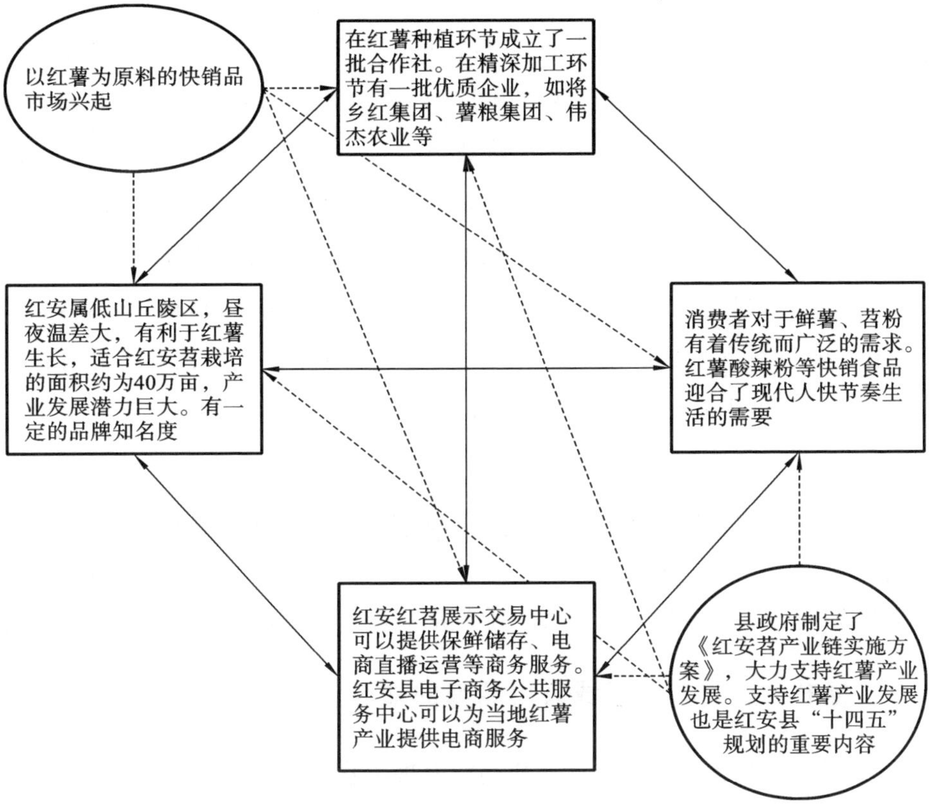

图 5-1　红安红薯产业的钻石体系

随着人们生活节奏的加快，快销品市场兴起，这为以红薯为原料生产红薯酸辣粉等产品提供了机遇。以红薯为原料，可以生产不同种类的产品，鲜薯不仅可以在菜场出售，而且可以卖往超市或食堂。以红薯为原料的加工食品苕粉是一种传统食物，具有很广泛的市场需求。以红薯为原料生产的红薯刀削面、红薯热干面、红薯方便面、红薯酸辣粉等快销品可以在商超，以及京东、淘宝等网络平台销售。在满足众多消费者需要的过程中，红安红薯及加工产品的种类不断丰富，产业发展水平得到了提高。

红安当地的自然环境很适合红薯生长，这构成了当地红薯产业发展的初级生产要素。“红安苕”2021 年获评湖北十大地理标志金奖，具有一定的品牌影响力。在红安建有湖北甘薯产业技术研究院，可以为红安红薯产业发展提供技术支持。品牌优势和技术优势是红薯产业发展的高级生产要素。

红安当地有将乡红集团、薯粮集团、伟杰农业等一批优质的企业，这些企业以红薯为基础原料，提升了红薯的精深加工水平。有的企业通过“公司＋合作社＋种植户”的形式开展合作，提升了产业组织水平。当地有一批优质的电子商务企业可以为红薯销售提供电商服务。红安红苕展示交易中心可以提供保鲜储存、电商直播运营等商务服务。红安县电子商务公共服务中心可以为当地红薯产业提供电商服务。红安县制定了《红安苕产业链实施方案》，设立了红苕产业发展基金，用于奖励红薯品种培优，规模化标准化生产、加工、保鲜储存，市场营销，科技创新，品牌创建等工作。支持红薯产业发展也是红安县“十四五”规划的重要内容。政府在促进红安红薯产业发展中起到了很重要的作用。

第二节　促进红安红薯产业发展的建议

结合以上分析，对促进红安红薯产业发展提出如下建议。

一、提升“红安苕”区域公用品牌的知名度

《红安县进一步推进红苕产业高质高效发展工作方案》中提出要以区域公用品牌打造引领“红安苕”品牌建设，倡导区域品牌、企业品牌、产品品牌“三位一体”发展模式，让品牌效应最大化，让品牌市场价值最大化。创作红薯文艺作品，擦亮“红

安苕”金字招牌。品牌是高级生产要素，可以显著提升产品附加值。

（一）挖掘优质的品牌传播内容

红安当地创作了歌曲《红苕颂》，这也是很好的品牌传播内容。建议当地挖掘这类优质的传播内容，提升“红安苕”的知名度和美誉度。

《红苕颂》歌词：

1. 提起那（个）红薯哟/红安人喊她苕/说起那个苕故事/红安人很自豪/当年打游击/红军受煎熬/枪林弹雨里呀/缺少衣和粮/老百姓送红苕啊/革命有功劳

2. 提起那（个）红薯哎/红安人喊她苕/说起那苕过去/红安人有民谣/早上苕两碗/中午两碗苕/晚上吃什么呀/娘说还是苕/三年闹饥荒/多亏这红苕

3. 提起那（个）红薯哎/红安人叫她苕/说起那苕现在/可成了稀世宝/吃了能长寿/吃出小蛮腰/山水有灵气耶/养育国地标/游子千里外/梦中思红苕/

结尾：如今（那个）城里人哟/爱往乡村跑/只恋那一味呀/地道红安苕

（二）通过举办“红苕文化节”提升品牌影响力

可以通过举办“红苕文化节”等活动来提升品牌影响力。福建省福州市、河南省汝阳县、湖南省长沙县等地都举办了“红薯文化节”。这些地方的做法很值得红安借鉴。红安县二程镇也举办了“红苕文化节”，以展销、采挖、评比颁奖、产业项目签约和文艺汇演等形式助力产业发展。要进一步提升“红苕文化节”的功能，在提升红安苕品牌影响力方面发挥更大作用。

二、进一步拓展产品种类

以红薯为原料不仅可以生产苕粉和红薯面条，而且还可以生产红薯方便面、红薯酸辣粉等快销食品，还可以生产如薯粉这样的保健食品。红薯产品种类的增多，也有利于扩大市场需求。红安可以以红薯为原料，进一步拓展产品种类。比如可以以红薯为原料生产苕酒。红安县半山鹿酒业深挖本土文化，延长产业链，以红安苕为原料，配以酒曲发酵，生产特色产品红安苕酒。该公司的主要目标是打造红安本地的地标酒，希望不管是外地人，还是红安人，都能喝到红安地标酒，能够喝到红安知名的红安苕酒。产品种类的不断扩大，有利于满足更多消费者的需要。

三、注重对红薯加工副产物的综合利用

在开发生产红薯精深加工产品的过程中，会产生红薯皮、红薯根等副产物。要注重对这些副产物的综合利用，做到变废为宝，物尽其用，创造更多、更优的产品。一是利用红薯精深加工的副产物开发黏合剂产品。利用红薯精深加工的副产物制作的黏合剂，主要用于书籍、报纸、杂志、纸张、瓦楞纸箱等纸质产品的黏合等，具有成本低廉、黏合效果好、加工容易、绿色无污染、市场需求量大、前景好等优点。二是利用红薯精深加工的副产物制作燃料乙醇，将红薯精深加工中产生的副产物充分利用起来，经相关的发酵工艺，可以产生燃料乙醇。三是利用红薯精深加工的副产物制作果胶。果胶在食品加工、医药、化工、纺织等行业中有着广泛的应用。四是利用红薯精深加工的副产物制作饲料。红薯皮、红薯根等虽然都是红薯精深加工的副产物，但这些副产物中依然含有一定量的蛋白质、碳水化合物、膳食纤维、果胶等营养物质，而这些营养物质是猪、奶牛、鸡鸭等家禽、家畜的食物，可以将这些副产物合理充分利用起来，作为动物的饲料，为家禽、家畜等动物提供很好的营养物质。

四、打造以红安苕为特色的旅游线路

要重视发展红安苕观光旅游。积极推介红安苕旅游品牌，努力开发以采挖体验、品苕购苕、文化鉴赏为主的体验旅游项目，打造旅游观光景区。要积极探索“红安苕＋旅游”“红安苕＋康养”“红安苕＋研学”等新模式。实现乡村旅游、研学旅行融合发展。农旅融合，不仅可以提升产业的经营水平，而且可以提升红安苕的品牌知名度。

第六章
江西赣南脐橙特色产业发展战略研究

本章基于钻石模型的分析框架，对赣南脐橙产业的发展情况进行分析。赣州的自然环境适合种植脐橙，这是脐橙产业发展的初级生产要素。赣南脐橙的品牌优势明显，这是产业发展的高级生产要素。赣南脐橙的销售范围覆盖中国不同的地区以及东南亚、欧洲等出口市场，差别各异的需求条件促进了脐橙产品创新。在脐橙种植、初级加工、精深加工以及分选装备等环节，赣州都有一批优秀的企业。国家脐橙工程技术研究中心等科研机构为脐橙产业发展提供了良好的科技支撑。赣州在安远县建立了赣南脐橙交易中心，为脐橙产业提供了良好的商贸服务。赣州各级政府为脐橙产业发展创造了良好的环境。本章对赣州脐橙产业的发展提出了建议：要合理利用初级生产要素；培育高级生产要素；要积极满足市场需求；提升产业组织化水平；政府要对脐橙产业加强支持和协调。

第一节　赣南脐橙产业竞争优势分析

赣州位于江西省南部，包括赣县、寻乌、信丰、安远、瑞金、兴国、龙南等县市区，山地面积达 4560 万亩，其中适宜栽种果树的山地面积约 450 万亩。该地区的气候条件和土壤条件适合种植脐橙。

1971 年，赣州信丰县引入脐橙种植显现良好性状，之后脐橙种植在其他各县市推广。1978 年，赣南脐橙远销香港，获得了消费者的认可，赣南脐橙的品牌知名度也逐渐传播开来。

赣南脐橙产业不断发展壮大。如今，赣南脐橙的种植面积占中国脐橙种植面积的一半，占世界脐橙种植面积的 2 成。赣南脐橙种植面积位居世界第一，年产量位居世界第三。“赣南脐橙”在区域品牌榜单排名中位列水果类产品品牌第一名，有“中华第一果”之称。

一、生产要素

（一）初级生产要素

赣南地处中亚热带南缘，是典型的亚热带湿润气候，气候温暖，昼夜温差大，热量丰富，无霜期290天，日平均气温19.4℃，雨量充沛，雨热同季，与脐橙生长季节相对应，光照充足。赣南土地多为浅岗地，土壤类型多以红黄壤为主，兼有少量紫色土，红黄壤土层深厚。优越的气候和自然资源使赣南脐橙具有良好的品质，赣南脐橙果大形正，橙红鲜艳，光洁美观，酸甜适度美味可口。

（二）高级生产要素

1. 品牌

“赣南脐橙”名列中国区域品牌排行榜前十名，为水果类区域品牌排名第一名，有“中华第一果”之称。“赣南脐橙”是中欧互认100个地理标志产品之一，获得欧盟地理标志产品认证，有利于产品出口到欧盟市场。

2. 技术

赣州依托赣南师范大学创办了国家脐橙工程技术研究中心，赣南师范大学创办了脐橙学院，该地区与脐橙相关的科研实力很强，这为脐橙产业发展提供了科技支撑。为了提升脐橙产业技术水平，赣州市组织了一批科研项目，如“赣南脐橙生态高效生产技术集成与示范推广”“纽荷尔脐橙良种示范推广及无公害栽培技术研究与应用”等。

二、需求条件

消费者的需求能促使公司进行产品创新，进而提高产品品质。如今的市场环境与钻石模型提出的年代相比已经发生了很大的变化。如今，电子商务非常普遍，物流很发达，经济全球化程度很高，某一地区生产的产品可以快速到达物理距离很远的市场。在满足这些市场消费者需求的过程中，消费者需求也促进了公司的产品创新，从而公司的竞争能力得以提升。

从中国市场来看，赣南脐橙几乎覆盖所有30万人以上的城市。从出口市场来看，赣南脐橙在东南亚、中亚、欧洲以及北美市场都有销售，出口市场涉及数十个国家。赣南脐橙所涉及的消费者市场规模巨大，涉及的地区不同，消费者差别也很大。在满足如此规模巨大、差别各异的消费者市场的过程中，赣南脐橙的产品品质以及生产管理水平也得到了提高。

三、相关产业与支持性辅助产业

（一）科技支撑

赣州依托赣南师范大学组建了国家脐橙工程技术研究中心，该中心牵头组建了江西省脐橙科技创新战略联盟、赣南脐橙产业化工程技术协同创新中心，为提升赣南地区脐橙技术水平提供了平台。此外，赣南师范大学还依托生命科学学院创办了脐橙学院，为赣南地区脐橙产业的发展提供技术支撑。

（二）商贸服务

赣州在安远县建立了赣南脐橙交易中心，这是中国最大的脐橙交易中心，该交易中心可以提供商贸、物流、检测等服务，是一个融合多种业态的农商物流综合体，有助于当地农副产品进一步拓宽销售渠道。借助该交易中心的辐射功能，赣南脐橙可以连接全国乃至世界的脐橙市场。赣南脐橙交易中心为赣州脐橙产业提供了良好的商贸服务。

四、企业战略、结构和竞争状况

赣南脐橙定位为“鲜食”，以鲜果销售为主。在赣南地区的脐橙产业链中，以“脐橙种植”和“初级加工”为主，近年来，脐橙“精深加工”也取得了较大的发展。

在脐橙种植以及初级加工环节，赣南脐橙的种植是以果农为基础，以家庭为基本单位的。为了提升经营水平，当地发展了果业合作社以及“公司＋基地＋农户”等生产组织形式。初级加工环节主要包括清洗、打蜡、分级和包装等步骤。赣州在这一环节的加工能力很强，拥有多家果品采后初级商品化处理加工销售企业。比如安远县橙皇现代农业发展有限公司（简称安远橙皇）就是一家比较有名的企业，该公司建立了“公司＋合作社＋农户＋基地”的经营模式，具有较强的生产加工以及销售能力。

在脐橙精深加工环节,信丰农夫山泉果业有限公司的工厂已经于2016年底投产,该公司生产的“17.5°橙汁”很受市场的欢迎。

在脐橙分选装备方面,位于赣州市信丰县的绿萌科技股份有限公司具有很强的实力。该公司专注于果蔬采后分选装备的研发,是中国先进的果蔬采后装备生产商,产品出口西班牙、以色列、南非等国家及地区。

(一)安远县橙皇现代农业发展有限公司

安远县橙皇现代农业发展有限公司是一家集科研开发、良种苗木培育、脐橙种植、贮藏保鲜、果品加工、市场开拓、品牌建设等赣南脐橙全产业链为一体的国家级农业龙头企业。公司建立了“公司+合作社+农户+基地”经营模式,以现代企业管理模式快速发展壮大。公司坚持“保质量、重管理、树品牌”的理念,推进“橙皇”牌赣南脐橙品牌建设,“橙皇”牌赣南脐橙深受广大消费者青睐。

(二)绿萌科技股份有限公司

绿萌科技股份有限公司是中国领先的果蔬采后处理装备整体解决方案服务商、国家高新技术企业、国家重点“小巨人”企业。公司联合华中农业大学、中科院微电子所等高等院校和科研机构,应用机器视觉、高光谱、人工智能、大数据、绿色保鲜等先进技术,研制的果蔬采后智能装备核心技术达到国际领先水平。该公司已经构建形成了辐射32个国家及地区的高效网络,不断为全球客户提供售前、售中、售后,一站式、一体化的高效便捷服务。

五、政府支持

赣州设立了市果业局,并在各个县市也成立了果业局,在乡镇设立果技站。赣州各级政府在促进脐橙产业发展方面做了很多工作。

(一)举办“脐橙节”

从2001年开始,赣州开始举办“脐橙节”。每年脐橙节期间,各级领导、境内外客商、专家学者和新闻媒体齐聚一堂,社会各界高度关注。每举办一次“脐橙节”,都对“赣南脐橙”的品牌形象进行了立体式的全方位传播。

(二)统筹各县区脐橙市场营销工作

赣南脐橙的种植面积很广,如何将赣州地区的脐橙有秩序地推向市场,避免互相压价、恶性竞争等问题，这是一个很值得关注的问题。为此，赣州市政府对市场区域进行了划分。实行一个县（市、区）对接一个区域的原则，明确目标市场，有序抓好营销对接工作。

（三）规范市场秩序

赣南脐橙的种植范围很广，为了避免“机会主义”行为的发生，就需要政府来维护市场秩序。为了确保赣南脐橙的品质，维护品牌形象，近年来，赣南脐橙协会每年都会确定“最早采摘时间”。对于“早采”行为，当地有关部门将会进行查处。

六、赣南脐橙产业的钻石体系

基于以上分析，本章绘出了赣南脐橙产业的钻石体系（图 6-1）。

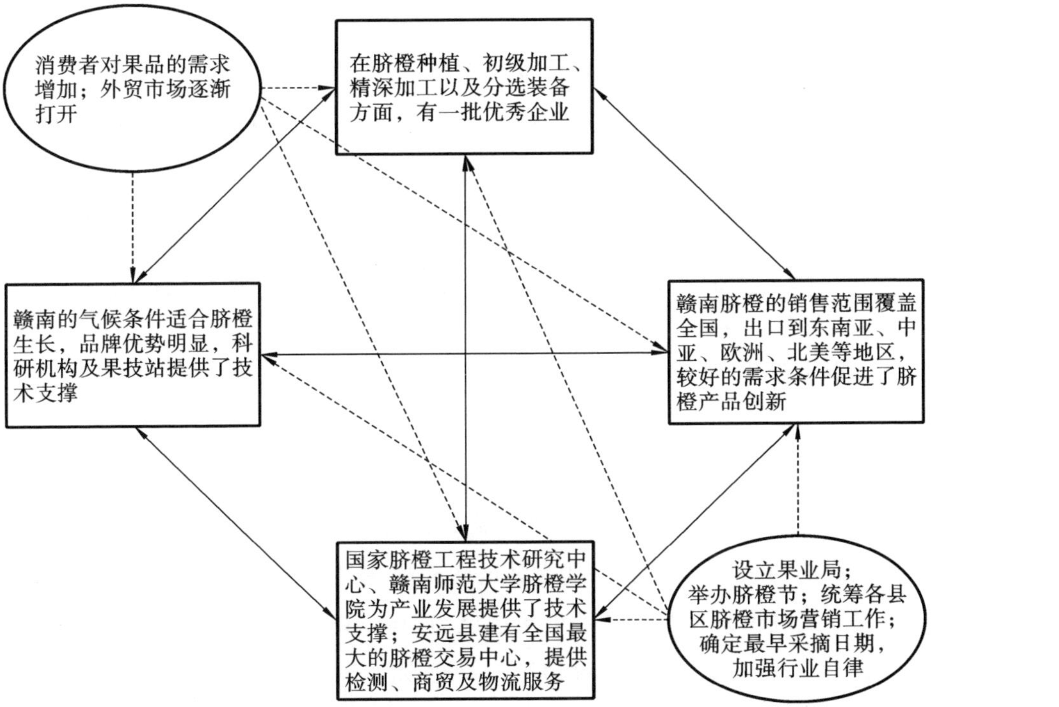

图 6-1　赣南脐橙产业的钻石体系

改革开放为赣南脐橙产业的发展带来了机遇。一是改革开放以后，国内市场对脐橙等果品的需求逐年增加。二是外贸市场逐渐打开，为赣南脐橙出口创造了条件。赣南自然环境很适合脐橙生长，这构成了脐橙生长的初级生产要素。赣州成功培育出“赣南脐橙”公共品牌，品牌优势是赣南脐橙产业发展的高级生产要素。赣南脐橙的销售范围覆盖全国，出口到东南亚、中亚、欧洲、北美等地区，市场覆盖面很广。在满足如此大范围的市场需求的过程中，也促进了当地企业的产品创新。

不论是在脐橙种植、初级加工以及精深加工等环节，还是在脐橙分选装备方面，赣南地区都有一批很优秀的企业，产业链条完整。安远橙皇等一批企业采用“公司＋合作社＋基地＋农户”等方式，提升了当地脐橙产业的组织水平。信丰农夫山泉果业有限公司等一批脐橙精深加工企业不仅可以提升产品附加值，而且可以发挥产业“稳定器”和“调节器”的作用。在“鲜果”销售困难的时候，可以将脐橙加工成果汁、果酒等产品。

国家脐橙工程技术研究中心以及赣南师范大学脐橙学院为当地脐橙产业的发展提供了科技支撑。赣州市安远县建有全国最大的脐橙交易中心，可以提供检测、商贸及物流服务。

赣州各级政府大力支持脐橙产业发展，通过举办脐橙节来培育品牌，统筹协调各县市区的脐橙市场营销工作，加强行业自律，这些做法都有力促进了脐橙产业的发展。

第二节　提升赣南脐橙产业竞争优势的建议

结合以上分析，本章对提升赣南脐橙产业的竞争优势提出如下建议。

一、合理利用初级生产要素

如前所述，赣南脐橙的优良品质得益于当地良好的自然环境，这构成了赣南脐橙产业发展的初级生产要素。但若对这些初级生产要素过度利用，也会带来不良影响。要立足赣南地区自然资源的承载能力，科学确定产业规模，划定可开发种植区、限制开发种植区、禁止开发种植区。要建设生态果园。牢固树立“生态开发、绿色发展”理念，坚持生态开发与保护并重，严守果业开发“红线”。丘陵山地果园遵循“山顶戴帽、山腰种果、山脚穿裙”的生态开发模式，果园主干道、支道、小区之间种植绿化，通过构建完善的生态防护林系统，将果园分隔成独立的生态小区，实现果园的生态园林化。

二、培育高级生产要素

赣南脐橙能够得到市场的认可，既得益于当地得天独厚的生长环境，也得益于品牌优势和科技优势。要进一步凸显科技和品牌优势。

一是要强化科技支撑。依托国家脐橙工程技术研究中心等科技创新平台，开展新品种、新技术攻关，加快科技成果转化，提高脐橙产业科技含量。

二是进一步增强赣南脐橙的品牌优势。要继续办好赣南脐橙节，进一步提升品牌知名度。要积极参加国内外各种形式的展销会，增强赣南脐橙的品牌影响力。

三、提升产业组织化水平

企业战略、结构和竞争状况是决定某一地区产业集群竞争优势的关键。因为企业既是市场竞争的主体，又是产业组织的基本单位。我国农村的基本经营单位是家庭。家庭生产规模小而分散，抗风险能力比较弱。要通过发展种植大户、“种植合作社”“公司＋农户”等形式，提升赣南脐橙产业的组织化水平，提升生产效率和经营水平。

四、政府对脐橙产业加强支持和协调

赣南脐橙产业涉及种植、初级加工、精深加工、商贸等不同环节，涉及不同的县市区，产业规模很大。要确保产业健康发展，不仅需要借助市场的力量，也需要发挥政府的作用。

首先，要发挥政府在提供公共产品方面的作用。比如举办“脐橙节”，打造“赣南脐橙”公共品牌。其次，要发挥政府在维持市场秩序方面的作用。要确定“最早采摘日期”，加强产品质量方面的检测和执法。还要发挥政府在产业协调方面的作用，要对全国市场进行合理的划分，按照“一个县(市、区)对接一个区域的原则”，明确目标市场，有序抓好营销对接工作。

(原文发表于《农村经济与科技》2020 年第 19 期)

第七章
随州香菇区域品牌传播策略研究

随州香菇是我国著名的香菇品牌，影响力指数位居食用菌之首，这与其品牌传播策略是分不开的。本章将采用“品牌整合营销传播”的理论框架进行分析。随州香菇品牌的信息源主要为四个方面，即政府、行业协会、企业以及广大的菇农。随州香菇的产品特点与其良好的生长环境有很大关系。举办活动和电视广告是随州香菇品牌传播的主要方式。举办香菇博览会，向消费者传递了丰富的品牌信息。网上有一些关于香菇的负面信息，影响了消费者对香菇类产品的品牌信任。在随州论坛“市民留言板”上有一些非计划信息，丰富了随州香菇的品牌形象。本章对随州香菇品牌传播提出了建议：要加强信息源的协调；对非计划信息进行引导；对不利于产业发展的噪声作出回应。

第一节　基于整合营销传播的随州香菇区域品牌传播策略分析

一、信息源

农产品区域品牌与企业产品品牌是不一样的，企业产品品牌的信息源主要为企业，而农产品区域品牌的信息源可能包括不同的方面。随州香菇品牌的信息源主要为四个方面，即政府、行业协会、企业以及广大的菇农。

二、信息整合和发布

消费者和其他公众接收到的与品牌有关的所有信息，都可以叫作品牌信息。品牌信息主要包括产品信息、服务信息、计划信息和非计划信息四个方面。

（一）产品信息

随州香菇具有很丰富的产品信息，包括产品特点、品牌荣誉等方面，把这些信息传递给消费者，有利于消费者形成关于随州香菇的特有的品牌形象。

1. 产品特点

随州香菇的产品特点是个匀、肉厚、杆粗短、头大，在市场上具有很高的知名度。随州香菇的良好品质与其独特的自然资源禀赋紧密相关。随州地处长江、淮河之间，南依大洪山，北靠桐柏山，这种独特的地理环境对发展香菇产业非常有利。随州拥有天然优质的生产用淡水资源，随州地形大都为丘陵山区，有着广袤的森林资源，非常有利于食用菌行业的原料采集。随州市年平均温度为 14.9～15.9℃，日照率达 46%，年平均降水量为 800～1200 毫米，当地的自然条件为食用菌的生产提供了良好的条件。在进行品牌宣传的时候，可以突出当地的自然资源特点和产品特点。

2. 品牌荣誉

“随州香菇”具有很强的品牌优势。“随州香菇”是很有影响力的农产品区域品牌，获得了国家农产品地理标志登记认证。随州获得了“全国香菇之乡”“全国花菇之乡”等一批金字招牌。品牌既是营销传播的目的，同时也为传播提供了“内容”。随州香菇在营销传播的时候，可以将品牌优势作为重点传播内容。

（二）计划信息

计划信息是信息源主动向受众传递和发送的品牌信息，如广告、促销活动、新闻等，这类信息的特点是品牌拥有者有计划性发布的。

1. 香菇博览会

为了提升随州香菇的知名度，当地举办了香菇博览会（“菇博会”）。2019 随州国际香菇产业博览会期间，1500 余名嘉宾及客商齐聚随州，5 万人次参观“菇博会”；40 余家新闻媒体聚焦“菇博会”，累计报道 60 余篇次，网络点击量上百万，业界评价高、社会反响好，取得了良好的办节效果。在 2019 年“菇博会”期间，还举行了香菇烹饪美食大赛，这些活动的举办有利于挖掘随州美食文化内涵。在 2020 年“菇博会”期间举办了“网红带你逛菇博”直播带货推介活动。举办香菇博览会，进一步提升了随州香菇的知名度。

2. 广告

2019 年 6 月 1 日到 9 月 30 日,“随州香菇”广告在央视综合频道和新闻频道连续播出 4 个月,受到了广泛关注。2020 年 4 月,中央广播电视总台向湖北捐赠了广告资源,支援受疫情影响较大以及在恢复经济中起支撑作用的湖北企业,提振全国消费者对“湖北制造”的信心。“随州香菇”广告在中央电视台多个频道展播。在中央电视台播放广告,对于提升随州香菇的品牌知名度起到了很好的促进作用。

(三) 服务信息

服务信息主要是指在与消费者接触的过程当中所传递的信息。在京东、淘宝等网络平台上有很多商家销售随州香菇。这些商家在销售随州香菇的过程中,和消费者进行在线沟通交流,传递了丰富的服务信息。

(四) 非计划信息

在随州论坛“市民留言板”(http://www.szbbs.org/forum-2025-1.html)上面,有很多关于随州香菇的留言,提供了很丰富的信息。有的网友在论坛上晒出了自己家种的香菇,图片内容很丰富,不仅有采摘的香菇图片,而且还有种植基地的图片;有的网友在论坛上晒出了自己采用香菇作为食材所做的菜。论坛上还有关于香菇的“趣事”,比如有网友在网上晒出了一朵很大的香菇,有 8 两多重。这些内容很鲜活、很丰富,让“随州香菇”的品牌形象更加丰满起来。

三、传播渠道

电视广告和活动是随州香菇区域品牌传播的主要渠道。随州香菇在中央电视台投放了广告,宣传力度很大,有利于提升随州香菇在全国的品牌知名度。随州国际香菇产业博览会已经连续举办了四届,“菇博会”对随州香菇进行了全方位的传播。

四、反馈和互动

在京东、淘宝等网络平台,有很多商家销售随州香菇。笔者查看了京东平台和淘宝平台的评论信息。不管是在京东,还是在淘宝,有一些销售“随州香菇”的网店的评论数都很多。这些评论包含了非常丰富的反馈信息。很多网店很重视与消费者的互动,对评论都进行了回复。但也存在一些问题,比如对消费者的抱怨回复不是很及时,这不利于随州香菇品牌形象的传播。

五、噪声

网上有一些关于香菇的负面信息,比如其中一条信息的内容是:“蘑菇重金属的富集能力特强,几乎所有重金属如铅、汞、镍等蘑菇都会富集。但是,我们人体却没有排出重金属的机制。久之这些重金属就会在肾小管内聚集,严重时甚至会引起肾小管的坏死。”这类信息传播范围比较广,让消费者对香菇产品的安全性产生了疑虑,也影响了消费者对香菇类产品的品牌信任。

第二节 对优化“随州香菇”营销传播的建议

基于“整合营销传播”的理论框架和以上分析,本章对随州香菇的品牌传播提出如下建议。

一、加强信息源的协调

整合品牌营销传播使品牌拥有者能够将统一的传播信息传达给消费者。所以,整合营销传播也被称为 Speak With One Voice(用一个声音说话),即营销传播的一元化策略。

随州香菇品牌的信息源涉及菌种繁育、香菇种植、精深加工、产品销售等产业链的每个环节,涉及的经营主体很多。政府有必要对这些不同的信息源进行协调。可以引导企业、香菇种植合作社等加入行业协会,通过行业协会来进行协调。引导经营者爱护随州香菇这一公共品牌,对外传播有利于区域品牌形象的信息。

二、对非计划信息进行引导

非计划信息是在品牌宣传计划之外的各种与品牌相关的新闻、留言、活动和评论等。随州香菇的产业规模比较大,从业者超过 30 万人,消费人群数量巨大,产业链产值超过 300 亿元。如此规模的产业必然会产生大量的非计划信息。这些非计划信息的内容很生动，丰富了随州香菇的品牌形象。但要对这些信息进行引导，塑造有利于随州香菇品牌发展的舆论环境。

三、对噪声作出回应

营销传播模型表明了噪声存在于信息和渠道周围，噪声可能会造成信息混乱，影响了消费者对区域品牌的品牌信任。

网络上有一些关于香菇的负面信息，这些信息可能给消费者带来认知混乱，进而影响消费者对香菇产品的信任，不利于香菇产业的发展。作为香菇产业很有影响力的区域品牌，随州香菇可以对这些信息做出回应和澄清，塑造有利于产业发展的环境。

（原文刊登于《科技创业月刊》2021 年第 6 期）

第八章
蕲春蕲艾区域品牌整合营销传播策略分析

蕲春蕲艾是很有知名度的中草药区域品牌。蕲春蕲艾品牌的信息源比较广泛，主要为政府、行业协会、企业以及广大的种植户。举办活动、举行新闻发布会是蕲春蕲艾品牌传播的主要方式。举办蕲艾文化节，全方位、全要素地展示了蕲春独特的自然、旅游、人文和产业资源。网上有一些“假冒蕲艾产品”的信息，对蕲艾品牌造成了负面影响。针对假冒蕲艾产品的问题，蕲春有关方面采取了措施，这有利于维护蕲艾品牌的形象。本章对蕲艾品牌传播提出了建议。

第一节　蕲春蕲艾整合营销传播分析

本章以蕲春蕲艾品牌为案例，借助整合营销传播的分析框架对其进行分析。

一、信息源

蕲春蕲艾品牌的信息源主要为政府、行业协会、企业、广大种植户等。蕲春艾草的产业规模很大，全县涉艾市场主体3000多家，蕲艾加工企业达565家，其中产值过5000万元企业25家，过亿元企业7家，过10亿元企业2家；规上企业18家，高新技术企业19家。蕲艾产品研发18个系列1000多个品种，拥有准、械、消、妆字号126个，蕲艾系列注册商标近4000件。蕲艾产业带动全产业链30万人就业。蕲艾种植面积超过20万亩。蕲艾产业规模很大，与蕲艾区域品牌相关的信息来源比较多。

二、信息整合和发布

（一）产品信息

产品信息是“蕲艾”品牌传播内容的主要来源，是品牌与消费者沟通最直接、最强有力的途径，把产品特点、功能、产品设计等信息传递给消费者，让消费者形成一个特有的品牌印象。

生长于蕲春的艾草相较其他产地艾草来说植株高大、色泽青绿，可生长到 1.8 到 2.5 米，而普通艾草色泽黄绿，植株只有 0.5 到 1.2 米。蕲春艾草叶厚、被毛密且长，七尖艾居多，极品为九尖艾。其中九尖艾在明朝时是拥有“贡品”资格的。蕲春艾草的香气浓郁，而普通艾草只是略微清香。不仅如此，优越的地理位置使蕲春艾草的有效成分也远超其他产地的艾草。蕲春艾草所含的已知化合物多达 17 种，并且其已知化合物中的精油含量、总黄酮含量、燃烧发热量等相比其他产区的艾草产品优势明显。蕲春蕲艾具有很丰富的产品信息。这些产品信息可以为品牌传播提供丰富的内容。

蕲艾获得了很多品牌荣誉。在“2023 中国品牌价值评价信息”发布活动中，蕲艾以品牌价值 110.05 亿元荣登全国区域品牌（地理标志）第 30 位，也是唯一入围前 30 强的湖北地标品牌。

蕲春与中南民族大学、湖北中医药大学等科研院校合作，制订、修订各类蕲艾标准 27 项，其中国际标准 1 项、国家标准 2 项、省级地方标准 8 项、团体标准 16 项。其中《地理标志产品蕲艾》系列标准荣获湖北省“十大荆楚好标准”，《蕲艾绒分级质量标准》被中国民族医药学会授予“科学技术一等奖”。“蕲春艾灸疗法”入选国家非遗目录，“蕲春艾灸师”成为全国很有影响的劳务品牌。蕲艾获得了很多品牌荣誉，这也是很优质的传播内容。

（二）计划信息

计划信息是信息源主动向受众传递和发送的品牌信息，如广告、促销、新闻发布等，这类信息的特点是品牌拥有者有计划发布的。

1. 蕲艾文化节

为了提升“蕲艾”的知名度和影响力，蕲春举办了“蕲艾文化节”，对提升“蕲艾”

的品牌知名度起到了很好的促进作用。在 2023 年五月举办了第七届“蕲艾文化节”，这次节会致力于“弘扬时珍文化、推介蕲艾产业、展示中国艾都”，节会突出李时珍文化品牌、蕲艾大健康产业特色，全产业、全方位、全要素地展示蕲春独特的自然、旅游、人文和产业资源。

2. 举行新闻发布会

举行新闻发布会是蕲春向外界传播“蕲艾”品牌信息的一种良好方式。2020 年 6 月 8 日，蕲春举行三年黄金蕲艾开仓大典新闻发布会，向外界传递了“三年艾”品质良好的信息。

三年艾具有很好的药用效果。民间有“家有三年艾，郎中不用来”的说法，艾灸疗效以陈年艾叶为佳。三年陈艾因艾绒金黄，被誉为“黄金艾”。然而储存“黄金艾”并非易事。蕲艾燃点低，堆放不当容易自燃，湿度大容易发霉，储存不好蕲艾品质就会降低。为此，湖北惠春蕲艾健康产业发展有限公司将打包捆好的艾叶用透明薄膜罩得严严实实，逐一贴有封仓标签，注明封存日期、开仓日期以及蕲艾产地。并引入气调养护技术，向透明薄膜内注入气体或者放置气调剂，形成低氧状态的密闭仓，保持艾叶品质。

“蕲春艾灸”也是“蕲艾”品牌体系的重要组成部分。2023 年 2 月 7 日，非遗传承蕲春艾灸专家论坛暨新品模式发布会在李时珍中医药大健康科技产业园举行，邀请相关专家展示了国家非遗蕲春大灸、龙骨灸服务项目，举行了蕲善堂蕲春大灸服务项目启动和新品发布仪式。举办专家论坛和新品模式发布会，有利于提升蕲春艾灸的品牌知名度。

（三）服务信息

服务信息主要是指在与消费者接触的过程当中所传递的信息。就蕲艾而言，服务信息包括包装、商贸、物流等方面。在京东等网络平台上有很多销售蕲艾产品的网店，它们在销售蕲艾的过程中，可以和消费者进行在线沟通交流，传递了丰富的、真实的服务信息。在大众点评平台上，有很多“蕲春艾灸馆”的门店，商家可以展示服务信息。

（四）非计划信息

在百度贴吧“蕲艾吧”里，很多用户的留言提供了非常丰富的信息。截至 2023

年10月，该贴吧关注用户超过900人，累计发帖数量已经超过3300条，内容不仅涉及艾草的种植、蕲艾产品加工、销售等各个方面，而且还有关于中医药文化和蕲艾产品功效与作用的内容。这些帖子不仅有很多文字内容，而且还有很多图片和视频。这些信息内容非常生动，丰富了蕲艾品牌的内涵。

三、传播渠道

“蕲艾”品牌通过活动、新闻发布会、电视广告等多种传播渠道进行了宣传，湖北卫视曾经播出了“蕲春蕲艾”的扶贫公益广告。“蕲艾文化节”已经成功举办了七届，已经发展成为有影响力的盛会，每一届“蕲艾文化节”都对“蕲艾”品牌进行了立体式的传播。

四、反馈和互动

双向传播使品牌拥有者能很快获知信息接收者的反应，除评论和对话外，反馈还包括许多对营销传播信息的反应。新的互动媒体可以通过实时调查来评价这些反应。

在京东，有很多商家销售蕲艾产品。消费者通过商品评价等方式，提供了很多反馈信息，与商家存在着很多互动。查看京东平台销售蕲艾产品的店铺的评论数据发现，截至2023年10月，有9家店铺的评论数已经超过了10万条，其中有3家店铺的评论数超过了20万条，有一家店铺的评论数甚至超过了50万条。这其中就包含了非常丰富的反馈信息。很多经营蕲艾产品的网店也很重视与消费者的互动，对评论也及时进行了回复。但也存在对消费者的抱怨没有及时回复的情况。如果对消费者的抱怨没有及时进行回复，这些抱怨会被广大消费者浏览。若没有及时处理消费者的抱怨，直接后果是对网店生意造成负面影响，也会间接对“蕲艾”的品牌形象造成一定程度的负面影响。

五、噪声

网络上有一些关于“假冒蕲艾产品”的信息。在百度贴吧“蕲春吧”，有网民发布了“买到假蕲艾，气人”的帖子。这些信息容易造成消费者认知混乱，损害蕲艾品牌的利益。

针对存在假冒蕲艾产品的问题，蕲春县公安局、蕲春县市场监督管理局、蕲春县中医药产业发展中心以及蕲春县新闻出版局四部门联合发布了《关于开展蕲艾网络制假售假专项整治的通告》，这一举措将有利于维护蕲艾品牌的形象。

第二节 对优化“蕲艾”营销传播的建议

基于“整合营销传播”的理论框架和以上分析，本章对蕲艾的品牌传播提出如下建议。

一、加强信息源的协调

蕲艾产业是一个规模很大的产业集群，不只包括种植蕲艾的农户，还包括蕲艾加工、运输、销售的企业以及各类服务机构，涉及的经营主体比较多。有必要对这些不同的信息源进行协调，通过蕲艾产业协会对广大企业、种植合作社以及种植户进行协调。引导广大的经营者爱护“蕲艾”这一公共品牌，对外传播有利于“蕲艾”品牌形象的信息。

二、对非计划信息进行引导

非计划信息是在品牌宣传计划之外的各种与品牌相关的新闻、留言、活动和评论等。要对这些信息进行引导，塑造有利于“蕲艾”品牌发展的舆论环境。

蕲春艾草的产业规模很大，全县涉艾市场主体 3000 多家，蕲艾产业带动全产业链 30 万人就业。如此规模的产业必然会产生大量的非计划信息。这些非计划信息的内容很丰富、很生动，更新也比较快，也在一定程度上丰富了“蕲艾”的品牌内容，使“蕲艾”的品牌形象更加立体、更加鲜活、更加丰满。

建议对非计划信息进行引导，鼓励发布更多鲜活的信息。不仅可以发布关于产品的信息，而且可以发布一些种植户的生活故事和企业家的创业故事，使“蕲艾”品牌的形象更加鲜活、更加丰满。

非计划信息的数量庞大，难以避免出现一些负面信息，比如在百度贴吧“艾灸吧”、百度贴吧“蕲春吧”，就有关于“假冒蕲艾”的抱怨。建议及时对负面信息中反映的问题进行调查处理，把调查结果和处理结果及时发布。这样有利于维护“蕲艾”的品牌形象。

三、对噪声做出回应

营销传播模型表明噪声存在于信息和传播渠道周围，并最终干扰了信息接收者的信息解译。噪声可能会造成信息混乱，影响消费者对区域品牌的品牌信任。了解噪声的来源并想办法消除噪声可以提高品牌传播的质量，最终形成更积极的品牌声望。

如前所述，网络上有一些关于“假冒蕲艾产品”的信息，这些信息容易造成消费者认知混乱，损害蕲艾品牌的利益。为了维护“蕲艾”的品牌形象，就要分析这些信息的来源，对“假冒蕲艾产品”的行为进行打击。也要采取措施，让消费者能很方便地辨别蕲艾产品真伪，避免消费者的认知混乱。

第九章
盱眙龙虾品牌整合营销传播策略分析

盱眙龙虾是很有影响力的农产品区域品牌，本章采用整合营销传播的理论框架对其品牌传播策略进行了分析。盱眙龙虾品牌的信息源比较广泛，有政府、行业协会、企业以及广大的虾农。盱眙龙虾优良的产品品质是基于其良好的自然资源禀赋。举办活动和投放广告是盱眙龙虾品牌传播的主要方式。网络上有一些关于小龙虾的不实消息，不利于小龙虾行业发展。在盱眙论坛等网络论坛上存在着一些“非计划信息”。本章对盱眙龙虾品牌传播提出了建议：要加强信息源的协调；对非计划信息进行引导；对不利于行业发展的噪声作出回应。盱眙龙虾品牌整合营销传播的经验可以为其他地方的区域品牌传播提供借鉴。

第一节　盱眙龙虾区域品牌传播策略分析

一、信息源

农产品区域品牌与企业产品品牌是不一样的，企业产品品牌的信息源主要为企业，而农产品区域品牌的信息源可能有不同的方面。盱眙龙虾品牌的信息源主要为政府、行业协会、企业以及广大的虾农。

二、信息整合和发布

（一）产品信息

把产品的特色、性能等信息传递给消费者，可以让其形成特有的品牌形象。盱眙龙虾具有丰富的产品信息。

1. 自然资源禀赋

盱眙龙虾的良好品质与其独特的自然资源禀赋紧密相关。盱眙境内河道众多，水域面积广阔，具有养殖和捕捞的优势。盱眙县内的洪泽湖水域多为浅水滩涂，阳光照射充足，可以直射水底，因而水草茂盛，为小龙虾营造了理想的生长环境，适宜小龙虾栖息、蜕壳、生长和隐蔽。独特的生长环境使盱眙龙虾的外壳薄而鲜艳。

在进行品牌宣传的时候，可以把当地的自然资源特点和盱眙龙虾的产品特点结合起来，比如可以凸显盱眙龙虾虾壳薄而鲜艳的特点。消费者的一个普遍感受就是：小龙虾壳多肉少。一只小龙虾大部分都是虾壳，作为废弃物扔掉了，可以吃的虾肉并不多。盱眙龙虾在进行品牌宣传的时候若能凸显虾壳更薄这一特点，将有利于建立品牌优势。

2. 品牌

“盱眙龙虾”具有很强的品牌优势。盱眙是远近闻名的“中国龙虾之都”。盱眙龙虾是很有名的地理标志产品。盱眙龙虾的品牌价值已经超过180亿元。品牌既是营销传播的目的，同时也为传播提供了内容。盱眙龙虾在营销传播的时候，可以将品牌优势作为重点传播内容。

（二）计划信息

计划信息是信息源主动向消费者传递的品牌信息。

1. 盱眙龙虾节

为做大做强“盱眙龙虾”品牌，盱眙举办了龙虾节，“盱眙龙虾节”已经发展成为中国很有名气的农业节庆。从第八届开始，盱眙同澳大利亚维多利亚州等地联合办节，从而使盱眙龙虾走上了国际舞台。通过举办龙虾节，“盱眙龙虾”在海内外的品牌影响力越来越大。

2. 广告

2011年上半年，盱眙龙虾在中央电视台播放了“盱眙龙虾、品味生活”的广告，该广告由影视明星王宝强代言。在中央电视台播放广告，对于提升盱眙龙虾的品牌知名度起到了很好的作用。盱眙龙虾在一些网络视频直播平台也投放了广告，广告内容很丰富，提升了品牌影响力。

（三）服务信息

服务信息主要是指在与消费者接触的过程当中所传递的信息。这主要包括两个方面，一是打着“盱眙龙虾”招牌的餐饮店在与顾客接触过程中所提供的服务信息，这些信息随着顾客的“口碑”进行传播。全国 20 多个省市都有盱眙龙虾的加盟店，数量超过 2000 家。这 2000 多家餐饮店向广大顾客提供了最直接的服务信息。

另外在京东、淘宝等网络平台上也有很多销售“盱眙龙虾”的网店，它们在销售“盱眙龙虾”的过程中，可以和消费者进行在线沟通交流，传递了丰富的服务信息。

（四）非计划信息

在百度贴吧“盱眙吧”、盱眙论坛等网络论坛上面，有很多关于盱眙龙虾的留言，提供了很丰富的信息。比如“盱眙论坛（www. xuyi365. net）”设立了“龙虾资讯”栏目，该栏目内容很丰富，涉及龙虾文化、龙虾节庆、龙虾品牌、龙虾产业、龙虾商机、龙虾调料等方面。

三、传播渠道

盱眙龙虾通过电视广告、户外广告、网络、活动等多种传播渠道进行了宣传，其中比较典型的传播渠道是广告和活动。“盱眙龙虾”在中央电视台投放了广告，宣传力度很大，对于扩大“盱眙龙虾”在全国的品牌知名度发挥了积极作用。

举办活动是盱眙龙虾进行品牌宣传的一种常用方式，也起到了很好的作用。“盱眙龙虾节”已经发展成为非常有影响力的盛会，每一届龙虾节都对盱眙龙虾进行了立体式的传播。

四、反馈和互动

在移动互联网高度发达的时代，信息具有双向传播的特点，企业可以快速获知信息接收者的反馈，可以与消费者互动，快速对消费者的反馈做出回应。

在京东、淘宝等网络平台，有很多商家销售盱眙龙虾。查看京东平台和淘宝平台的评论信息发现，不管是在京东，还是在淘宝，“盱眙龙虾”网店的评论数都很多。这其中就包含了非常丰富的反馈信息。很多网店很重视与消费者的互动，对评论都进行了回复。但也有一些网店对消费者的抱怨没有及时回复，这不利于盱眙龙虾口碑形象的传播。

五、噪声

网络上有一些关于小龙虾的不实消息。比如一则不实消息是：水越脏小龙虾活得越滋润。实际情况是小龙虾能忍受污染的水质，但它们并不喜欢那样的环境。如果水质差，小龙虾不仅繁殖困难，而且生长也受影响。这样的不实消息会对消费者产生误导。这类信息统称为“噪声”，将影响消费者对小龙虾品牌的信任。

第二节　对优化盱眙龙虾品牌传播的建议

一、加强信息源的协调

盱眙龙虾区域品牌的信息源涉及从龙虾养殖、餐饮到龙虾精深加工的产业链的每个环节，涉及的经营主体很多。政府有必要对这些不同的信息源进行协调。可以引导餐饮企业、龙虾养殖户、龙虾养殖合作社等加入行业协会，通过行业协会来进行协调。引导经营者爱护盱眙龙虾这一公共品牌，对外传播有利于区域品牌形象的信息。

二、对非计划信息进行引导

非计划信息是在品牌传播计划之外的各种与品牌相关的新闻、留言、活动和评论等。盱眙龙虾的从业者超过 10 万人，消费人群数量巨大，经济规模近 140 亿元。如此规模的产业就必然会产生大量的非计划信息。这些非计划信息的内容很生动，丰富了盱眙龙虾的品牌内容。要对这些信息进行引导，塑造有利于“盱眙龙虾”品牌发展的舆论环境。

三、对噪声作出回应

网络上有一些关于小龙虾的不实信息，这些信息不利于小龙虾产业的发展。作为小龙虾产业很有影响力的区域品牌，盱眙龙虾可以对这些信息作出回应和澄清，塑造有利于产业发展的环境。

（原文刊登于《科技传播》2020 年第 20 期）

第十章
赣南脐橙品牌传播策略分析

本章采用“品牌整合营销传播”的理论框架进行分析。“赣南脐橙”品牌的信息源比较广泛，有政府、行业协会、企业以及广大的果农。“赣南脐橙”的产品特点与其良好的生长环境有很大关系。举办活动和投放广告是其品牌传播的主要方式。举办“脐橙节”，向消费者传递了丰富的品牌信息。2004 年“染色橙”风波造成了信息混乱，不利于赣南脐橙的品牌形象。在百度贴吧“赣南脐橙吧”等网络论坛上存在着一些非计划信息。本章对赣南脐橙品牌传播提出了建议：要加强信息源的协调；对非计划信息进行引导；对不利于产业发展的噪声作出回应；要以适当方式传播产业信息；积极传播当地优美的自然环境。赣南脐橙品牌整合营销传播的经验可以为其他地方的区域品牌传播提供参考。

第一节　基于整合营销传播的赣南脐橙区域品牌传播策略分析

一、信息源

“赣南脐橙”品牌的信息源不仅有政府和行业协会，而且还有企业和广大的果农等。赣南脐橙的产业规模很大，涉及种植生产、仓储物流、精深加工等产业链的不同环节。2021 年，全市脐橙种植面积达 175 万亩、产量 150 万吨，脐橙产业集群总产值 166 亿元，解决了农村 100 多万劳动力的就业问题。与“赣南脐橙”区域品牌相关的信息来源比较多，这些不同来源的信息需要协调。

二、信息整合和发布

品牌信息分为四种，分别是产品信息、服务信息、计划信息和非计划信息。

（一）产品信息

赣南脐橙的产品很优质，这也为品牌传播提供了很优质的内容。

1. 产品特点

赣南脐橙果实形状大，果皮光滑、细腻；味道酸甜适中，肉质鲜嫩，风味浓郁甜美，橙味浓郁；脐橙含有超过 55%的果汁。据检测，每 100ml 鲜脐橙汁里糖分、柠檬酸等营养成分均高于其他同类产品。赣南脐橙同时富含维生素 P、胡萝卜素以及其他人体所需的微量元素。

2. 品牌荣誉

赣南脐橙获得了很多荣誉。赣南脐橙果形好、色泽鲜、香味浓、肉质脆，被认为是能与美国“新奇士”脐橙相媲美的果品。赣南脐橙名列中国区域品牌排行榜前十名，为水果类区域品牌排名第一，有“中华第一果”之称。

（二）计划信息

赣南脐橙通过举办脐橙节、发布广告等方式，有计划地发布了很多品牌信息。

1. 赣南脐橙节

为了提升“赣南脐橙”的知名度和影响力，赣州从 2001 年开始在脐橙的收获季节（每年 11 月）举办“中国（赣州）脐橙节”，并于 2009 年更名为“中国（赣州）国际脐橙节”。赣南脐橙节不仅在赣州市中心区举办，也曾经在安远县、信丰县举办，引起了社会各界的高度关注。

除了在本地举办“脐橙节”，赣州还组织企业参加中国国际农产品交易会、中国-东盟农业国际合作展、中国农民丰收节等展示展销活动。通过参加这些活动，向外界展示赣南脐橙的品牌形象。

2. 广告

2018 年，赣南脐橙在中央电视台黄金时间投放了品牌宣传广告，宣传时间为 2018 年 10 月 1 日至 2019 年 1 月 31 日，具体播出黄金时间段是央视综合频道《新闻联播》前和《晚间新闻》前。

除发布电视广告外，赣州市还组织企业参与农产品品牌宣传“四进一融”(进机场、进高铁、进地铁、进楼宇和融合新媒体)活动，不仅利用传统的展示广告和电视广告进行宣传，还利用新媒体进行宣传。这些广告的播出和展示，提升了“赣南脐橙”的品牌知名度和影响力。

(三) 服务信息

服务信息主要是指在与消费者接触的过程当中所传递的信息。就赣南脐橙而言，服务信息包括包装、商贸、物流、快递等方面。

在京东、淘宝等网络平台上有很多销售“赣南脐橙”的网店，这些网店在销售赣南脐橙的过程中，可以和消费者进行在线沟通交流，传递了丰富的、真实的服务信息。

(四) 非计划信息

在百度贴吧“赣南脐橙吧”等网络论坛上，有很多用户在上面留言，提供了非常丰富的信息。截至 2023 年 6 月，该贴吧关注用户超过 8000 人，累计发帖数量已经超过 6 万，内容涉及脐橙种植、防病、销售等各个方面。这些信息内容非常丰富、生动。

三、传播渠道

赣南脐橙通过电视广告、户外广告、网络、活动等多种传播渠道进行了宣传。“赣南脐橙”在中央电视台投放了广告，对扩大“赣南脐橙”在全国的品牌知名度发挥了积极作用。

举办活动是赣南脐橙进行品牌宣传的一种常用方式，也起到了很好的作用。赣州“脐橙节”已经发展成为很有影响力的盛会，每一届“脐橙节”都对赣南脐橙进行了立体式的传播。

四、反馈和互动

在京东，有很多商家销售“赣南脐橙”。消费者提供了很多反馈信息，与商家存在着很多互动。查看京东平台的评论数据发现，截至 2023 年 6 月，有几家店铺的评论数已经超过了1万条，有的店铺的评论数甚至超过了10万条。这其中就包含了非常丰富的反馈信息。很多经营“赣南脐橙”的网店也很重视与消费者的互动，对评论及时进行了回复。但也有一些网店对消费者的抱怨没有及时进行回复。这些抱怨会被广大消费者浏览。若没有及时处理消费者的抱怨，直接后果是对网店生意造成负面影响，也会间接对“赣南脐橙”的品牌形象造成一定程度的负面影响。

五、噪声

“赣南脐橙”曾经遭遇品牌危机，即2004年的“染色橙”风波。从2004年11月下旬开始，广东中山和香港等地水果市场相继发现“染色橙”。香港食物环境卫生署抽查39个橙类样品，发现1/3的样品橙皮中含有禁用及可能致癌的柑橘红2号色素。

2004年11月24日，广东对此进行曝光后，香港媒体也纷纷跟进报道。占香港水果市场70％份额的“惠康”超市和“百佳”公司，从2004年12月6日起全面停售并回收“江西橙”，酿成了沸沸扬扬的“染色橙”事件，经销商纷纷撕毁订单，果价猛跌，果农损失惨重。

媒体对“染色橙”的报道，可以理解为“赣南脐橙”传播过程中的“噪声”，噪声引起了混乱、信息冲突和不一致。首先，媒体的报道与消费者曾经对“赣南脐橙”的良好印象形成了强烈的反差，这些信息冲突让消费者产生“认知混乱”，影响了消费者对赣南脐橙的品牌信任。

赣州对该起事件进行调查发现，“染色橙”的染色加工地点主要在广东省的一些水果批发市场，其染色加工的地点不在赣州市脐橙产区。在赣州市组织的全面清查中，也未发现“染色橙”。赣州有关方面配合中央电视台、香港凤凰卫视、广东卫视等诸多媒体对赣南脐橙作了实事求是的报道，对恢复赣南脐橙的品牌声誉起到了一定的积极作用。

第二节　对优化“赣南脐橙”营销传播的建议

结合以上分析，本章对优化“赣南脐橙”的品牌传播提出如下建议。

一、加强信息源的协调

整合品牌营销传播使品牌拥有者能够将统一的传播资讯传达给消费者。如前所述，“赣南脐橙”区域品牌的信息源涉及很多方面，从生产区域来看，赣南脐橙的主要产区涉及信丰县、安远县、寻乌县、石城县、宁都县等不同的县；从生产环节来看，涉及脐橙种植生产、仓储物流、精深加工等产业链的不同环节，每个环节涉及的经营主体都比较多。政府有必要对这些不同的信息源进行协调，通过赣南脐橙协会对广大的果农、果企、果业合作社、果品经销商进行协调。引导广大的经营者爱护“赣南脐橙”这一公共品牌，对外传播有利于“赣南脐橙”品牌形象的信息。

二、对非计划信息进行引导

非计划信息是在品牌宣传计划之外的各种与品牌相关的新闻、留言、活动和评论等。赣南脐橙的种植面积涉及赣州市多个县市，全市脐橙产业集群总产值达 166 亿元，解决了 100 多万农村劳动力的就业问题。如此规模的产业必然会产生大量的非计划信息。这些非计划信息的内容很丰富、很生动，更新也比较快，也在一定程度上丰富了“赣南脐橙”的品牌内容，使“赣南脐橙”的品牌形象更加立体，更加鲜活，更加丰满。要对这些信息进行引导，塑造有利于“赣南脐橙”品牌发展的舆论环境。

三、对噪声作出回应

噪声可能会造成信息混乱，影响消费者对区域品牌的品牌信任。在 2004 年“染色橙”风波期间，市场上充斥着混乱甚至互相冲突的信息。这些互相冲突的信息就容易造成市场的混乱。为了维护“赣南脐橙”的品牌形象，就要避免噪声的出现。对已经出现的噪声，要及时作出回应。

四、以适当方式传播产品质量监管信息

赣南脐橙很重视产品质量控制，比如每年都由赣南脐橙协会组织讨论，确定“最早采摘时间”，对于“早采”行为进行查处。对于假冒“赣南脐橙”的行为，当地法院也进行了判决。这类信息经过曝光后，不仅有利于增强消费者对赣南脐橙的信

任感；而且也有利于在广大种植户和加工企业中形成一种共识：要杜绝“早采”，确保产品质量，维护赣南脐橙的品牌形象。

建议加强这类信息的发布，比如每年赣南脐橙的“最早采摘日期”就是一个很不错的“传播话题”，该日期是根据赣州市果业局对全市赣南脐橙采样检测结果以及气象部门气候预测等因素进行综合分析，经充分讨论并表决通过的，可以对这个过程进行报道。这对于脐橙种植户来说，也是宣传产业政策的过程，宣传“早采”的危害，让“不早采”逐渐深入人心，更加自觉地维护“赣南脐橙”的品牌声誉。

（原文发表于《农村经济与科技》2024 年第 23 期）

第十一章
农业节庆在促进特色农业发展中的作用研究：以湖北省为例

湖北省正处于从传统农业到现代农业、从农业大省到农业强省、从产品营销到品牌营销转型与升级的关键历史阶段，农业品牌建设显得至关重要。创建品牌、培育名牌已成为产业转型升级、产品提升市场形象和增强市场竞争能力的主要手段之一。在这一背景下，湖北很多地方纷纷以农业节庆为抓手大力推动农业品牌建设。

《湖北省休闲农业发展总体规划》要求打造富有地域特色的农业节庆活动品牌，提升市场知名度和吸引力。全省将重点培育和打造沙洋油菜花节、英山茶叶节、恩施硒茶文化艺术节、随州尚市桃花节、枝江安福寺桃花节、孝感（杨店）桃花节、老河口桃花梨花节、郧县樱桃节、公安葡萄节、大悟红叶节、清江椪柑节、秭归脐橙节、中国宜昌（夷陵）柑橘节、罗田板栗节、随州银杏节、潜江小龙虾节、梁子湖螃蟹节、洪湖螃蟹节、天门蒸菜节等农业节庆活动品牌，提升湖北农产品的知名度和附加值。湖北很多地方都很注重农业节庆的培育（表 11-1），有一些节庆已经具备了较大的影响力。

表 11-1　湖北省举办的部分农业节庆

序号	名称	举办地	举办频率	对应农产品
1	中国随州兰花节	随州	两年一次	兰花
2	随州桃花节	随州随县尚市镇	每年一次	“尚果”牌油桃
3	中国麻城菊花文化旅游节	麻城市五脑山国家森林公园	每年一次	麻城福白菊
4	中国湖北潜江龙虾节	潜江	每年一次	小龙虾

续表

序号	名称	举办地	举办频率	对应农产品
5	中国洪湖清水螃蟹节	洪湖	每年一次	洪湖清水蟹
6	中国荆门油菜花旅游节	荆门沙洋县	每年一次	食用油
7	湖北罗田板栗节	罗田	每两年一次	板栗
8	中国英山茶文化旅游节	英山县	每年一次	茶叶
9	中国宜昌柑橘节	宜昌夷陵区	每年一次	柑橘
10	湖北公安葡萄节	湖北公安县	每两年一次	葡萄
11	老河口梨花节	老河口市	每年一次	老河口砂梨

资料来源：作者根据网上资料整理

随着节庆的成功举办，湖北打造了一批品牌农产品(表 11-2)。随州的兰花、香菇、油桃已经具备了较大的知名度。湖北麻城通过成功举办菊花节，提升了“麻城福白菊”的知名度，麻城福白菊成功申报为“国家地理标志保护产品”，麻城已经成为全国三大菊花生产基地。通过举办螃蟹节等形式，洪湖成功将“洪湖清水蟹”培育成“中国驰名商标”。

表 11-2　部分湖北特色农业节庆及对应的农业品牌

序号	节庆名称	农业品牌
1	中国随州兰花节	“万和兰花”被评为“国家地理标志保护产品”，随州被评为“中国兰花之乡”
2	中国随州香菇文化节	“随州香菇”获“国家地理标志保护产品”称号，随州被评为“中国食用菌之乡”
3	中国麻城菊文化旅游节	“麻城福白菊”获“国家地理标志保护产品”称号
4	中国洪湖清水螃蟹节	“洪湖清水蟹”被评为“中国驰名商标”
5	中国宜昌柑橘节	“宜昌蜜橘”被评为“湖北省著名商标”
6	中国湖北潜江龙虾节	“潜江龙虾”获国家农业农村部“农产品地理标志认证”；中国烹饪协会授予潜江“中国小龙虾美食之乡”称号
7	老河口梨花节	“老河口砂梨”被评为“湖北三大名果”

资料来源：作者根据网上资料整理

湖北省公安县种植葡萄有30多年的历史，种植面积达8万余亩，号称“江南吐鲁番”，然而当地一直没有叫得响的品牌，葡萄上市价格偏低。正是意识到了缺乏品牌这一短板，公安县开始举办葡萄节，希望培育公安葡萄品牌。

第一节　随州依托节庆发展农业特色的实践总结

随州举办了兰花节、香菇节，随县尚市镇举办了桃花节，这些农业节庆的举办对于提升农产品区域品牌的知名度起到了很好的作用。

一、随州3个典型的农业节庆

随州是湖北的地级市，版图面积9636平方千米，常住人口只有201.56万(截至2021年末)，下辖一市一区一县：广水市、曾都区、随县。

随州地方虽然不大，但地貌多样，山地、丘陵、平原多种地形兼而有之，山脉与河流交错，有“万山千泉百洞”之称，多样的地形造就了随州丰富的自然和作物资源，不仅盛产蘑菇，而且是世界三大兰花产地，油桃、猕猴桃、葡萄等水果也很适合在当地生长。为了打造品牌，随州推出了三个典型的农业节庆。

(一) 兰花节

兰花又称兰草，春季开花，味芳香，是一种名贵花草，具有很高的观赏、药用和经济价值。随州的大洪山区和桐柏山区生长着大量野生兰花，品种有121个，其中九花兰、春兰红花、蕙兰等21个珍稀品种享誉海内外，此地是与韩国、日本齐名的世界三大兰草产地之一。1996年开始，江浙及韩国等地的兰花商人闻香而至，以每蔸2元的收购价大量购买。

为引导兰花产业健康发展，随州于2007年4月举办了首届“兰花节”，邀请了国内地区以及韩国、日本等国家的兰界友人和兰商共2000多人参加。随州不仅希望通过兰花节打造品牌，而且希望引导当地群众认识到无序开发带来的危害，引导兰花产业走向健康有序的发展道路。

2007年首届兰花节交易额突破5000万元，来自国内外的客商现场签约6个项目，涉及电力、食品、化工等行业，总投资5.56亿元。在首届兰花节后的2008年，随州曾都区的兰花交易额就达 7000 万美元。

节庆引起了人们对兰花的重视。当地广泛宣传《中华人民共和国野生植物保护条例》,使广大农民深刻认识到野生兰花保护的重要意义,让农民自觉了解兰花,珍惜兰花,并主动保护兰花。工商部门积极引导当地农民种植兰花,并协助他们成立了兰花协会,帮助一些种植大户办理了工商营业执照。随州市种植兰花的大户有 200 多户,形成了青苔、倒峡等 5 个兰花种植专业村。此外,随州市还常年有 2000 多人从事兰花的培植和经营活动。随州兰花种植走上了良性发展的轨道。

(二)桃花节

随州随县尚市镇是一个农业镇,工业基础薄弱,综合发展不够协调。当地虽然盛产水果,但在很长一段时间,由于水果收购价格不高,经济效益并不明显。尚市镇桃林种植面积达 3.5 万亩,每当桃花盛开的季节,一望无际的桃花海洋,非常漂亮,美得让人陶醉。2007 年,尚市镇举办了第一届桃花节,吸引了十几万人前去旅游。外地预定油桃 1000 多吨,带来直接经济收入 100 余万元,直接受益农民 5000 多人。

此后,尚市镇每年都要举办桃花节,到尚市旅游的游客稳定在 20 万。尚市油桃的知名度已经大大提升,现已销往俄罗斯及国内香港、北京、上海等 21 个省、自治区、直辖市、特别行政区。桃花节还带动了相关产业的发展,以当地群金村为例,群金村的农家乐得到了蓬勃发展,群金村成为远近闻名的富裕村。

(三)香菇节

随州独特的地理环境是随州食用菌生产的温床。随州在大洪山国家级风景名胜区和桐柏山两大山系中间,拥有天然优质的生产用淡水资源,境内水系不受外来水的污染。同时随州属于北亚热带向温带过渡型气候,年均气温 14.9～15.9 ℃,光照充足,雨量充沛,全年依靠自然温度可供食用菌生产的时间长达 300 多天。

2008 年 12 月 9 日,首届中国随州(曾都)香菇节在三里岗镇吉祥寺村隆重开幕,历时 3 天,来自国内外食用菌行业的专家学者和客商共 500 余人相聚随州,交流学术,洽谈生意。通过举办节庆,随州进一步打响了“中国香菇之乡”品牌,对做大做强香菇产业、推进香菇产业提档升级起到了很大作用。

二、随州地理标识地品牌

随州农产品标识地品牌如表 11-3 所示。

表 11-3 随州农产品标识地品牌

产品类型	品　　牌	产品辐射范围
兰花	民间称随州“蕙兰之乡”，国家林业局授予随州“中国兰花之乡”	畅销全国；远销韩国、日本、东南亚
香菇	随州被誉为“中国食用菌之乡”	占据香港市场 70%左右份额，远销东南亚、日本、韩国、欧美等 60 多个国家和地区
油桃	随州油桃具有较大的品牌知名度	产品畅销国内，出口俄罗斯、越南等国家

资料来源：作者根据网上信息整理(不完全统计)

农业节庆的成功举办对于随州培育农产品区域品牌发挥了重要作用。随州的兰花、香菇、油桃已经具有了较强的品牌影响力。

三、随州农业节庆发展的启示

总结随州举办农业节庆的经验，可以得出以下一些有益的启示。

(一) 节庆可以发挥四两拨千斤的作用

通过举办农业节庆来打造区域品牌，是一种行之有效的途径。农业节庆是各方面因素的集中展示，不仅可以展示农业生产过程，而且可以展示当地的风土人情和历史风貌。俗话说“百闻不如一见”，这比传统的广告宣传更能让人接受。

(二) 注重提升区域公用品牌的深层次内涵

品牌一般是指一个名称、术语、符号或图案设计，或者是它们的不同组合，用以识别某种产品或劳务，使之与竞争对手的产品和劳务相区别。品牌可从“品”和“牌”来理解，“品”包括品牌的品质、品位、品德及品格。只有“品”好才能树“牌”，品牌的塑造和提升关键在于“品”的塑造。农产品区域公用品牌也是如此。

随州农产品区域品牌具有丰富的品牌内涵。在随州三里岗镇吉祥寺村广场已故华中农业大学杨新美教授的塑像前，总是摆满着鲜花。1978 年 8 月，杨教授带着他的 3 名研究生来到三里岗镇深山密林中，利用丰富的栎木资源研发出了适合当地资源、气候等条件的椴木香菇种植方法。杨教授来三里岗时已经是 67 岁高龄，为了试验，他走遍了 2600 多亩山场。直到 1984 年，杨新美教授终于成功实现了 217 个香菇品种的人工栽培，三里岗上万农民靠香菇走上致富路。为感念杨教授的恩德，三里岗农民自发捐款，为带领他们致富的华中农业大学杨新美教授塑像。2008 年 12 月 9 日，举行雕像落成典礼时，来自全国各地的食用菌同行和当地很多农民前来瞻仰，盛况空前。这个故事很感人。通过举办香菇节，这个故事能被更多消费者所了解。

第二节　对潜江龙虾节的案例分析

潜江龙虾节是很有影响力的农业节庆，历届龙虾节都为潜江带来了人气、名气和财气。潜江龙虾节具有提高潜江龙虾的品牌知名度、促进当地旅游业发展等多重作用。

一、潜江龙虾节发展历程简要回顾

第一届中国湖北（潜江）龙虾节于 2009 年 5 月 15 日至 17 日举行。在第一届潜江龙虾节期间，当地举办了很多活动，比如湖北省小龙虾产业发展论坛、经贸合作项目签约仪式、龙虾美食特色街启动仪式等。全国 20 多家媒体聚焦潜江。举办首届潜江龙虾节，提升了潜江龙虾的品牌知名度。

第二届潜江龙虾节于 2010 年 7 月 7 日至 8 日举行。当年，潜江不仅获得了“中国小龙虾之乡”的称号，而且还获得了“小龙虾加工出口第一市”的荣誉，潜江龙虾区域品牌的价值进一步凸显。

第三届潜江龙虾节于 2012 年 6 月 16 日至 18 日举行，这届龙虾节在招商引资方面取得了很突出的成绩，在龙虾节期间共签订了 42 份项目合同，合同总额达 228.23 亿元。

第四届潜江龙虾节于2013年6月12日至14日举行。在龙虾节期间，潜江举行了项目推介和签约仪式、虾稻共生研讨与推广会、龙虾种苗繁育基地建设启动仪式、“虾乡诗韵”书法展览、广场群众文化演出等活动。

第五届潜江龙虾节于2014年6月12日至14日举行。在第五届龙虾节期间，举行了龙虾餐饮从业人员烹饪技能等级认定暨龙虾新菜品展示、潜江旅游发展高端论坛等活动。

第六届潜江龙虾节于2015年6月举行。在这一届龙虾节上，不仅举行了中国小龙虾良种选育繁育中心项目暨院士工作站挂牌仪式，而且举行了中国摄影家聚焦潜江等活动。

第七届潜江龙虾节于2016年6月举行。在这届龙虾节上，举行了湖北省小龙虾研究院挂牌、“潜江龙虾杯”电商创业大赛等活动。

2017年6月，第八届湖北(潜江)龙虾节暨首届中国(潜江)国际龙虾·虾稻产业博览会(“一节一会”)在潜江举行。在本届龙虾节上举行了龙虾主题艺术灯光展，灯展活动历时两个月，深受游客欢迎。

2018年5月18日到20日，潜江举行了“一节一会”。这一届“一节一会”重点突出龙虾一二三产业以及虾稻-稻米企业的展示展销。

2019年6月15日至18日，潜江举行了“一节一会”主体活动。开幕式上，武汉大学质量发展战略研究院等单位联合发布，潜江龙虾区域公用品牌价值为203.7亿元，位列中国龙虾区域公用品牌价值榜首位。在这一届龙虾节期间，还举行了“魅力虾乡”自驾文化旅游节。

2020年7月11日至12日，潜江举行了“一节一会”主体活动，全程系列活动时间为3月至10月，采取线上、线下结合的方式进行。在2020年7月11日举行的开幕式上，主办方发布了潜江龙虾区域公用品牌价值，潜江龙虾区域公用品牌价值达227.9亿元，再次位列中国龙虾区域公用品牌价值榜第一名。

二、潜江龙虾节的多重作用

潜江龙虾节依托于潜江龙虾产业，服务于潜江龙虾产业。潜江龙虾节搭建了潜江与国际接轨、与世界共创共享的交流合作平台。举办龙虾节，聚集了大量的人流、物流、资金流，不仅促进了潜江龙虾区域品牌的发展，而且提升了潜江的知名度，进而促进了当地经济的发展，对于发展旅游业以及促进文化的传承与创新都发挥了很好的作用。

（一）农产品品牌传播功能

举办农业节庆是对农产品信息的集中展示，不仅可以展示农产品本身的信息，还可以展示农产品的生长环境等信息，有利于农产品品牌的传播。举办龙虾节，促进了潜江龙虾区域品牌的传播。

2016 年的第七届龙虾节，潜江市内外媒体刊发相关报道达到了 700 余篇（条）。新浪湖北龙虾节话题发起后，短短 6 天时间累计阅读量达 1800 余万人次。人民网、新华网、荆楚网制作了网络专题并配发全程报道，总访问量达 200 万人次。

2018 年第九届龙虾节，在开幕式上，邀请了花椒、美拍、斗鱼等六大直播平台的当红主播以“芈月”造型为小龙虾代言，并在抖音、火山、秒拍等短视频平台进行视频推广，提升了潜江龙虾的品牌影响力。

第九届龙虾节期间，新华社录播的《有“身份证”、与水稻为邻……这里的小龙虾不一样》，让公众见证了潜江小龙虾的完备产业链和食品安全，当天观看人数突破 100 万人次。在这一届龙虾节期间，潜江市内外媒体共刊发与虾稻产业发展及“一节一会”相关报道近 1200 篇（条）。很多中央级主流媒体对潜江龙虾进行了报道。

每举办一次龙虾节，就在全省乃至全国掀起一阵“红色风暴”。潜江不仅培育了潜江龙虾、潜江虾稻等区域品牌，而且还涌现出如莱克现代农业、华山水产等一批知名企业。

（二）提升区域知名度，带动招商引资

举办龙虾节，不仅提高了潜江的知名度，而且带动了招商引资。2019 年潜江“一节一会”招商活动吸引投资 270.38 亿元，涉及文化旅游、医药、新材料等多个领域。2020 年，潜江“一节一会”协议引资总额达 308 亿元，涉及金融服务、现代物流等不同领域。

（三）带动旅游业发展

举办龙虾节，带动了潜江旅游业的发展，潜江吃、住、行、游、购、娱等综合消费得到全面拉动。游客来潜江不仅是为了吃小龙虾，而且对当地旅游景区的兴趣越来越大。如曹禺文化产业园、龙湾遗址章华台等旅游景区越来越受到游客的欢迎。

2018 年 6 月，举行了潜江市旅游行业协会成立大会，潜江 60 家企业加入了该协会，涵盖旅游策划、旅行社、酒店、餐饮、食品等行业。在潜江市旅游行业协会成立大会上发布了 4 条“潜江一日游”线路。当地致力于让到潜江来吃小龙虾的游客增加在潜江的停留时间，增加在潜江的旅游消费，推动潜江旅游收入的增长。潜江龙虾节带动了当地旅游业的发展。

（四）促进文化传承与创新

文化是节庆活动的灵魂，是情感的寄托，是精神的共鸣。注重节庆活动的文化性，能有效增强节庆活动的生命力。潜江龙虾节融入了很多当地的特色文化，不仅增强了当地居民的文化认同感，而且也增强了外来游客对当地特色文化的了解。

2015 年，第六届中国湖北潜江龙虾节，举行了“潜江民歌”传承演唱会。“潜江民歌”是潜江传统文化的重要组成部分，举办“潜江民歌”传承演唱会，有利于保护当地的传统文化。

2018 年 5 月，在第九届潜江龙虾节期间，潜江小龙虾博物馆开馆，该馆通过整合提炼传统龙虾文化精神符号，运用新的设计语言勾勒出潜江龙虾的精彩轮廓，展现了潜江作为“中国小龙虾之乡”的光辉历程。

三、对进一步发挥潜江龙虾节作用的建议

为了进一步发挥潜江龙虾节的作用，提出如下建议。

（一）促进潜江龙虾产业和旅游业的融合

旅游活动由“吃、住、行、游、购、娱”六个基本要素组成。在“吃”的方面，潜江以小龙虾美食为特色，已经具有很好的基础。可以借此发展旅游业，吸引更多的消费者到潜江来旅游。旅游者的增多，又会扩大对潜江小龙虾餐饮的需求。在潜江龙虾节期间，举办了“自驾游”活动，对推进虾稻产业链延伸发展、宣传潜江、推动潜江旅游及相关产业发展具有重要意义。要进一步通过潜江龙虾节宣传潜江旅游，促进潜江龙虾产业和旅游业的进一步融合。

（二）调动利益相关者的积极性，实现价值共创

潜江龙虾节的利益相关者不仅包括地方政府、参展商、举办场馆、观众、媒体，

而且包括当地其他居民以及为节庆活动提供服务的搭建、广告、物流、旅游、餐饮企业等。要办好潜江龙虾节，就要满足各利益相关者的诉求，调动利益相关者的积极性。要促进各利益相关者之间的交流与合作，实现价值共创。

（三）提高群众参与度

只有提高群众的参与度，节庆活动才有持久的生命力。为广泛调动群众参与"一节一会"的热情，潜江采取了很多措施。比如 2017 年潜江提早开展龙虾主题艺术灯展，充分展现潜江美景、风土民情，吸引了大量游客参观；2017 年潜江龙虾节期间，把"吃龙虾、喝啤酒、看演艺"贯穿"龙虾之夜"全过程，每次汇演做到明星歌舞与群众展演相结合，既保证了活动的精彩程度，又降低了活动的演出开支。

群众的广泛参与是节庆活动可持续发展的基础，潜江龙虾节也是潜江人民的节日。要让龙虾节与人们的日常生活相结合，提高人们的参与度。

（四）与具有地方特色的戏曲相结合

潜江具有浓郁的戏曲文化氛围，花鼓戏已经深深植入了潜江人的心田。位于潜江的湖北省花鼓戏艺术研究院具有较强的实力，创作了一批优秀的花鼓戏作品，如《拦花轿》《家庭公案》等。

该院与湖北省艺术研究院合作创作的《河西村的故事》是以"虾稻共作第一村"潜江市熊口镇赵脑村的发展变革为原型创作完成的，折射出改革开放四十年来的乡村剧变。该剧自 2018 年搬上舞台以来，好评如潮。

2021 年 5 月 5 日，潜江启动了"吃龙虾看大戏"首届潜江戏剧展演季，展演活动从 5 月 5 日持续到 6 月 19 日，该活动是第十二届湖北（潜江）龙虾节暨第五届虾-稻产业国际博览会特色文化系列活动的重要组成部分。

要进一步将潜江龙虾与具有地方特色的戏曲结合起来，这样不仅可以增强潜江龙虾节的吸引力，而且有利于促进当地文化艺术事业的繁荣。

第三节　农业节庆在促进农村特色产业发展中的作用分析

农业节庆在促进农村特色产业发展中具有重要的作用，主要体现在培育农产品区域品牌、招商引资、带动乡村旅游、促进文化传承与创新等几个方面。

一、培育农产品区域品牌

农业节庆在培育农产品区域品牌方面可以发挥重要作用。以湖北随州为例，随着节庆的成功举办，随州的兰花、香菇、油桃已经有了较大的品牌影响力，随州成功树立了“中国兰花之乡”“中国食用菌之乡”“中国油桃之乡”三块金字招牌。湖北麻城通过成功举办菊花节，提升了麻城福白菊的全国知名度，麻城福白菊成功申报为国家地理标志保护产品，麻城已经成为全国三大菊花生产基地之一。

二、招商引资

农业节庆在招商引资方面可以发挥重要作用。以潜江为例，举办龙虾节，不仅提高了潜江的知名度，而且还带动了招商引资。2019 年潜江“一节一会”招商活动吸引投资 270.38 亿元，涉及文化旅游、医药、新材料等多个领域。2020 年，潜江“一节一会”协议引资总额达 308 亿元，涉及金融服务、现代物流等不同领域。

三、带动乡村旅游

节庆在带动乡村旅游方面可以发挥重要作用。2007 年，随州尚市举办了第一届桃花节，吸引了十几万人前去旅游，外地预定油桃 1000 多吨，带来直接经济收入 100 余万元。此后，尚市每年都要举办桃花节，到尚市旅游的游客稳定在 20 万。桃花节举办地群金村的农家乐饭庄也得到了蓬勃发展，群金村成为远近闻名的富裕村。

四、促进文化传承与创新

节庆在促进文化传承与创新方面可以发挥重要作用。以潜江龙虾节为例，潜江龙虾节融入了很多当地的特色文化，不仅增强了当地居民的文化认同感，而且也增强了外来游客对当地特色文化的了解。

2015 年，第六届中国湖北潜江龙虾节，举行了“潜江民歌”传承演唱会。“潜江民歌”是潜江传统文化的重要组成部分，举办“潜江民歌”传承演唱会，有利于保护当地的传统文化。

第四节　进一步发挥农业节庆在促进农村特色产业发展中的作用的建议

对地方政府而言，举办农业节庆是促进农村特色产业发展的一个重要抓手。为了进一步发挥农业节庆在促进农村特色产业发展中的作用，提出如下建议。

一、发挥农业节庆在文化传承中的作用

农业不仅具有食品保障、原料供给等基础功能，而且具有文化传承功能。如韩国的"泡菜文化"、法国的"葡萄酒文化"等，都是传承农业文化的成功典型。随着中国经济的发展，人们的物质生活水平不断提高，生活消费正在从物质追求转向精神追求，必然会更多地追求文化，这是历史发展的必然。顺应这种趋势，我们就要重视农业的文化传承功能。我国如茶文化、蚕桑文化、花卉文化等历史悠久，特色鲜明，在新时期应该得到保护和传承。

文化是节庆活动的灵魂，是情感的寄托，是精神的共鸣，注重节庆活动的文化性，能有效增强节庆活动的生命力。要发挥节庆在文化传承中的作用，这不仅有利于文化的传承，而且有利于增强节庆的内涵。

二、提高社区居民的参与度

群众的广泛参与是节庆活动可持续发展的基础。农业节庆也是当地群众的节日，要让节庆活动与当地居民的日常生活相结合，提高当地居民的参与度。

三、发挥农业节庆在品牌传播中的作用

培育品牌的过程，也是提升品牌知名度的过程，这就离不开"传播"。在"传播"方面，节庆具有独特的作用。农业节庆依托丰富的农业资源，紧紧围绕资源特点组织活动，传播推广农产品品牌。与其他传播方式相比，农业节庆传播具有独特的优势。一是传播时机精准。以农产品等自然资源为依托的节庆一般都根据农产品的生长周期来安排时间，在这个时间点，就可以把农产品形象鲜活地呈现在人们的面前。二是传播对象明确有效。节庆以欢乐喜庆的气氛和活泼有趣的形式在短时间

内积聚大量人气，而这些积聚起来的人群就会形成节庆传播的受众。三是注重参与体验。与其他很多传播方式相比较，节庆传播更注重公众的参与性和体验性。节庆氛围要靠大量参与者参与其中才能营造出来。包括本地居民、外地游客、专家学者等众多参与者积极参与节庆的各项活动大大活跃了节庆气氛，增强了节庆的吸引力。

湖北是一个农业大省，要发挥农业节庆在品牌传播中的作用，培育农产品品牌，提升农产品附加值。

（原文刊登于《武汉纺织大学学报》2015 年第 1 期，有改动，
《农村经济与科技》2021 年第 17 期，有改动）

第十二章
科技支撑农村特色产业发展研究

在农产品品牌化经营过程中，从种苗的培育到产品的生产，从农产品的加工、包装到销售，各个环节都需要相应的科技支撑。科技支撑能够保证农产品品牌价值的稳定性，增强农产品品牌形象的差异性，创造农产品品牌延伸的可能性，维护农产品品牌竞争的有序性。

农村特色产业发展离不开科技创新。要加强农业科技创新能力建设，推广农业新技术、新模式、新品种，促进农技推广改革创新，推动农业科技重大成果应用，夯实优质农产品供给能力。农产品品牌知名度、美誉度是农产品价值链发展水平的体现，在农产品种养殖、精深加工等价值链的不同环节，都要注重科技创新。

湖北潜江小龙虾产业、湖北随州香菇产业、湖北茶产业、湖北稻米产业、湖北油菜产业以及湖北当阳长坂坡大蒜产业都是很有特色的产业，这些产业的发展都离不开科技的支撑。本章将对科技支撑这些特色产业的发展情况进行分析。

第一节　科技支撑潜江小龙虾产业发展

在科技促进小龙虾产业发展方面，潜江有一些比较典型的做法。

一、注重搭建创新平台

潜江依托潜江市莱克水产食品有限公司成立了湖北小龙虾产业技术研究院。成立小龙虾研究院是为了加快整合企业、高校和科研院所优势资源，聚集高水平科研人才，提升技术创新能力和技术服务水平，为小龙虾产业发展提供技术支撑。小龙虾研究院主要开展小龙虾选育繁育，实行“政府主导、企业主体”的模式，建设小龙虾良种选育中心和小龙虾规模化繁育基地，开展良种选育、遗传育种等技术攻关，打破产业发展的种苗瓶颈，提升小龙虾种源质量。

二、小龙虾养殖技术创新

一是养殖模式创新。潜江成功开发了“虾稻共作”模式，并在当地大规模推广。该模式下，稻田四周会被开挖成一圈虾池，圈内再种植水稻，虾与稻在田中共生共长。虾池面积仅占稻田总面积的10%，不会造成水稻大面积减产，还可实现水稻种植减肥、减药。这种模式见效快、效益高，“一水两用，一田双收，稳粮增效，粮渔双赢，生态环保”，是一种养殖模式的创新、传统农业的革命。潜江市制定和发布了《潜江龙虾虾稻共作养殖技术规程》等18项虾-稻产业标准。

二是繁育选育技术创新。随着养殖规模的不断扩大，仅靠野生种苗资源已不能满足养殖需要，为打破小龙虾种苗瓶颈，潜江市和湖北省水产科学研究所、华中农业大学等科研院校合作开展小龙虾人工繁育，成功突破了小龙虾批量产卵技术瓶颈。为实现小龙虾产业可持续发展，潜江市还邀请中科院水生所桂建芳院士建立小龙虾良种选育繁育中心院士工作站，系统开展小龙虾选育繁育工作。

三、小龙虾精深加工技术创新

潜江小龙虾产业特别注重精深加工技术的创新。

潜江市是全国最大的淡水小龙虾加工出口基地，加工出口占全省小龙虾出口量的一半，而在传统龙虾加工生产过程中，极易产生大量的“三废”物质。据统计，小龙虾加工后，约80%的虾壳成为废弃物，潜江市每年产生废弃虾壳10万多吨，这些废弃物往往是一排了之，既浪费了资源，又污染了环境，容易引发与周边群众的矛盾和纠纷。

湖北省潜江市华山水产食品有限公司以虾壳为原料，开发了一系列新产品。该公司已经形成了处理10万吨废弃虾、蟹壳的生产能力，加工了产值近10亿元的壳聚冻品，不断创新拓展至甲壳素加工，又拓展至甲壳素衍生品加工，突破了一个个技术难关。其主打产品之一氨基葡萄糖盐酸盐已成功打入美国市场。

武汉大学的科研团队与湖北省潜江市华山水产食品有限公司开展了甲壳素精深加工领域的合作，共同申报了重大科技专项项目和湖北省潜江市华山水产食品有限公司企业博士后工作站，联合建立了湖北省甲壳素工程技术研究中心，为湖北省甲壳素精深加工产业做强做大、占领该领域的科技制高点奠定了坚实的基础。

四、物流及商贸服务集成创新

潜江建立了“中国小龙虾交易中心”，又称“中国虾谷”。潜江拥有全国最大的小龙虾专业交易市场，开通物流直达专线到全国所有省会城市，18 小时内可将鲜活潜江龙虾供应到全国各大消费城市。全国首家可视化小龙虾垂直电商交易平台“虾谷 360”位于潜江，全程智能跟踪物流服务平台“虾谷快运”可以为从业者提供方便快捷的物流服务。潜江制定了湖北省级《小龙虾冷链物流服务标准》，建设集线上交易线下供应模式的小龙虾收购批发、检验检疫、信息发布大数据于一体的覆盖周边、辐射全国的集约化小龙虾交易中心，在全国 300 多个城市设立了落地配服务网点，不仅为潜江虾农服务，而且可以为周边县市的虾农服务。

“中国虾谷”发布了小龙虾行业的价格指数，价格指数覆盖湖北、湖南、江苏、安徽、上海、北京等省市，为全国小龙虾从业者提供参考。潜江也很注重发展小龙虾电子商务，通过虾谷 360、京东潜江馆、牛牛网、翼之虾等网上交易平台，与国内知名生鲜配送平台顺丰、京东等开展深度合作。

第二节 科技支撑随州香菇产业发展

在科技促进随州香菇产业发展方面，随州有一些比较典型的做法。

一、注重搭建创新平台

随州依托湖北裕国菇业股份有限公司创建了湖北省香菇产业技术研究院。该研究院是全国食用菌行业首家产业技术研究院，将集成裕国股份、中国农业大学、华中农业大学等协同单位的人才、技术、资金等资源，重点研究和开发香菇行业关键技术和共性技术，包括香菇保鲜工艺、精深加工、生物活性成分提取、栽培副产品的综合利用等技术，力争成为体制新、机制活、特色鲜明、科技创新能力强、品牌知名度高的产业化创新平台，增强湖北香菇产业的国际竞争力。

二、注重种植技术创新

湖北长久菌业有限公司(简称长久菌业)和华中农业大学、上海市农业科学院开展技术合作,研发了香菇、木耳、灵芝等多个食用菌新品种和多项食用菌新技术,实现了随州自主研发香菇新品种零的突破。2017 年,长久菌业联合上海市农业科学院选育的香菇新品种"申香 1513"获得认证,并在全国范围内进行试验推广。

三、注重精深加工技术创新

湖北裕国菇业股份有限公司是农业产业化国家重点龙头企业,该公司很注重技术创新。2017 年,该公司领全行业之先,引入人工智能分拣系统。近年来,先后与无限极、周黑鸭、老干妈等知名企业合作,开发出香菇口服液、香菇脆、香菇饼干等系列产品,深受市场青睐。

联丰(随州)食品有限公司与华中科技大学开展产学研合作,新建香菇精选智能机器人 20 台,成为业内第一家将智能识别技术应用于香菇生产的科技创新企业。智能分拣机器人装载了摄像头、传感器等,人工上料后,设备可自动识别传送带上香菇的大小、形状、花纹,以及是否附着有异物,机械手自动"抓取"不同规格的香菇;料仓即将装满前,烘干设备自动启动预热,整个过程"无缝衔接"。出口的香菇对残留物检测非常严格,过去人工分拣,一些附着在香菇表面微小的薄膜难以发现;采用智能分拣设备,能精准识别残留在香菇表面 1 平方毫米大小的薄膜。机器人智能分拣,相比传统人工分拣可节省八成左右的人力。

品源(随州)现代农业发展有限公司的研发团队历时十几个月的调研、策划、定位、实验、反馈、调整等反复探索,新一代香菇精深加工产品"菇的辣克 GOOD LUCK"牌香菇酱系列于 2017 年 11 月正式发布,批量生产投入市场。2017 年 12 月"菇的辣克 GOOD LUCK"牌香菇酱一次性通过湖北省出入境检验检疫局的出口资质现场审核,该公司成为湖北省首家取得香菇酱出口资质的企业。2018 年 7 月"菇的辣克 GOOD LUCK"牌香菇酱开始出口到泰国曼谷,并很快辐射到周边东南亚的十几个国家和地区,2018 年底,该香菇酱产值达 5 亿元以上,出口创汇 5800 多万美元。

第三节　科技支撑湖北茶产业发展

湖北是“茶圣”陆羽故里，产茶历史悠久，生态环境优越，文化底蕴深厚。

湖北还是世界范围内茶叶消费的重要供应源，在国际市场上拥有较高知名度，是国际茶叶市场上重要的供应方。湖北培育出了一批茶叶知名品牌。

湖北省拥有比较丰富的茶叶科技资源。湖北省农科院果茶所建立了湖北省茶叶工程中心；华中农业大学是全国双一流大学，茶学学科属国家双一流学科园艺学的二级学科，从 1997 年开始招收本科生，已形成学士、硕士和博士完整的教育体系，建有园艺植物生物学教育部重点实验室；长江大学、湖北三峡职业技术学院、恩施职业技术学院等设置涉茶专业；恩施、宜昌、襄阳、咸宁、十堰等市州农科院设立了茶叶研究所。湖北省茶叶科技力量为湖北省茶叶品牌建设提供了科技支撑。

一、搭建产学研合作平台

湖北茶叶科研院所与企业开展了广泛的科技合作。“十三五”以来，湖北茶叶学科领域获得省部级科研成果奖励 9 项，其中二等奖 7 项，完成单位主要有省农科院果茶所、省果茶办公室、湖北工业大学、湖北大学、恩施州农科院、采花茶业等；获得国家专利授权 1810 项，其中发明专利 145 项。

“十三五”期间，省农业农村厅组建了湖北省现代农业茶叶技术体系，举办了院士专家服务农业产业发展“515”行动与协同推广等活动，与各地茶叶技术推广体系联动，形成了湖北省独具特色的协同创新与技术推广体系，联合发力，夯实了茶产业发展的科技基础。

二、为茶叶生产提供种植技术支持

由省农科院果茶所选育的“鄂茶 1 号”，入选 2019（首届）全国农业科技成果转化大会的百项重大农业科技成果。通过研究茶树工厂化快繁技术，制定系列标准，建成宜昌萧氏、孝感福良山、恩施等一批茶树良种繁育基地，形成了适应湖北省气候特点的育、繁、推一体化体系。

三、提升茶叶精深加工技术水平

湖北省茶叶加工在由手工到机械制茶转型的基础上，整体进入连续化、清洁化阶段，部分达到自动化水平。其中名优绿茶“一线两用”关键技术，集成创新数控摊青、电磁杀青、连续化做形和 PLC 控制技术，实现了名优绿茶、大宗绿茶共线连续化加工；研发出的工夫红茶自动化加工生产线与配套技术，创新自动化萎凋、精准称量、自动揉捻、智能发酵及控制技术，达国际先进水平；机采茶鲜叶配套加工技术与关键装备，解决了机采茶鲜叶不能加工优质茶的难题。

萧氏茶叶集团有限公司茶叶智能化加工“无人工厂”投产，整个加工全程自动运行、数据可视且工艺可动态优化。萧氏茶业集团有限公司引进现代食品加工技术，研发生产了茶茗酥、茶月饼、茶饼干、茶蜜饯等茶食品，深受消费者喜爱；应用低温提取、膜分离等先进工艺，加工出无糖、无着色、无添加剂，纯天然的原味茶饮料。

第四节　科技支撑长坂坡大蒜产业发展

长坂坡大蒜是湖北省第一件农产品集体商标，是知名度较高的农产品品牌，这也是得益于科技创新。

2003 年 11 月，当阳两河镇大蒜一周之间几乎全部变黄，当阳市科技局领导迅速向省科技厅领导汇报，请求科技项目支持，开展大蒜病害流行发生规律及无公害防控技术研究。湖北省科技厅高度重视，派人赶赴当阳两河大蒜基地察看大蒜病情，一个月后，科技攻关项目“大蒜灰霉病发生流行规律及无公害防控技术研究”获得省科技厅批准立项。通过科技攻关，最终形成了一套科学有效的防控技术。

当地联合省农科院、华中农业大学等高校和科研院所，扎根田头，研究大蒜的种植环境、生产周期、病害防治等。经过多年苦心钻研，先后获得 1 项科技发明、2 项湖北省重大科技成果、3 部质量技术标准、1 批万元田高效技术模式和 6 项科技进步成果。如今两河镇大蒜 80％采用机械播种，100％实现喷灌，比人工播种效率提高了 120 倍，产量也有保障。

长坂坡大蒜喜获湖北名牌、湖北名优蔬菜、中国绿色食品、中国驰名商标等诸多美誉，产品畅销 20 多个省市。

第五节　科技支撑湖北稻米产业发展

2017 年 8 月，湖北省优质稻产业联盟、湖北省粮食行业协会公布了"湖北名优大米十大品牌"，这十大品牌分别是：福娃集团有限公司（简称福娃集团）的"福娃牌好福米"、湖北国宝桥米有限公司（简称国宝桥米）的"编钟＋国宝桥米"、洪湖市洪湖浪米业有限责任公司的"洪湖浪香米"、湖北禾丰粮油集团有限公司的"德安府香米"、湖北洪森实业（集团）有限公司的"荆香玉米"、湖北瓦仓谷香生态农业有限公司的"瓦仓村软香米"、潜江市小龙虾产业发展促进中心的"虾香稻米"、襄阳乐峰粮油有限公司的"乐峰香米"、湖北万福祥米业有限公司的"荆奇福泰香米"、竹溪三元米业有限公司的"中峰贡竹溪贡米"。

湖北省水稻科技整体研发技术处于国内领先水平，在优异种质资源发掘与利用研究、水稻基因组学应用基础研究等方面处国际领先水平。湖北省作为重要成员参与的"两系法杂交水稻技术研究与应用"项目获得了国家科技进步特等奖。

湖北省在水稻科技领域较强的实力为稻米品牌发展提供了很好的支撑。国宝桥米先后建立了湖北省企业技术中心、湖北省院士专家工作站及大米品质研发中心。该公司与湖北省农科院、武汉大学、华中农业大学、武汉轻工大学、荆门市农科所等科研院所开展产学研合作，共同开展大米质量、保存、营养等研究课题。

福娃集团依托武汉轻工大学组建了稻谷加工工程技术中心，依托华中农业大学组建了食品技术研发中心。

第六节　科技支撑湖北油菜产业发展

油菜是湖北省较具优势的大宗农作物之一，是促进粮油兼丰的最佳养地作物。湖北是中国油菜生产大省，油菜面积、总产分别约占全国的 1/7、1/6，是长江流域优质油菜产业带的核心产区。湖北省商品菜籽以双低化率高、色泽好、籽粒饱满、出油率高享誉全国，受到全国市场青睐。

2018 年底，由洪湖市洪湖浪米业有限责任公司、武穴市福康油脂有限公司等 5 家企业共同形成“湖北菜籽油”合作机制，重点打造湖北洪湖——洪湖浪绿色健康优质菜籽油、湖北荆门——民峰高油酸优质菜籽油（荆花）、湖北武穴——接福有机健康优质菜籽油、湖北竹山——堵河源高山原味优质菜籽油、湖北荆门——罗师傅富硒优质菜籽油等产品品牌。

一、湖北油菜科技实力雄厚

中国农业科学院油料作物研究所（简称中油所）和华中农业大学两个国家级科研单位都位于湖北。依托中油所建立了国家油料作物改良中心、国家油菜工程技术研究中心（与华中农业大学合建）、国家油菜产业技术研发中心、油料油脂加工技术国家地方联合工程实验室、农业部油料作物生物学与遗传育种重点实验室、农业部油料及制品质量监督检验测试中心等国家和省部级科研平台。

华中农业大学是国内开展油菜遗传改良研究与应用较早、科技实力较雄厚的单位之一。该校的油菜遗传育种研究始于 20 世纪 50 年代初。该校于 1994 年组建了华中优质杂交油菜研究开发中心，1999 年国家农业部批准建立国家油菜武汉改良分中心，2001 年教育部批准建立教育部油菜工程研究中心，2002 年国家科技部批准牵头与中国农业科学院油料作物研究所共建国家油菜工程技术研究中心，2011 年农业部批准建立农业部油菜遗传育种重点实验室。湖北在油菜科研领域的雄厚实力为菜籽油品牌发展提供了有力的支撑。

二、科技提升品牌价值

科技在提升湖北菜籽油的品牌价值方面发挥了很重要的作用。

（一）高油酸菜籽油

湖北省着眼高端消费市场的需要，布局高油酸油菜产业。全省高油酸菜籽油已进入市场推广阶段，在全国率先实现了产业化开发，探索出油菜产业差异化发展的新路径。

2014 年，在傅廷栋院士团队的支持下，荆门民峰油脂有限责任公司（简称民峰油脂）在全省率先试验由华中农业大学选育的高油酸油菜品种。从 50 亩起步，到千亩示范、万亩推广，至 2018 年，荆门高油酸油菜秋播面积达 3 万亩。2018 年，民峰油脂和华中农业大学合作，开发出国内首款高油酸菜籽油产品。随着与华中农业大学院士团队合作的不断深入，民峰油脂的产品科技含量不断上升，品牌附加值也不断提升。

民峰油脂已经发展成为湖北省农业产业化龙头企业、湖北省科技示范企业，拥有国内先进的工艺生产设备，生产的“荆花”“乐烹”牌食用菜籽油受到市场的欢迎。

（二）黄籽菜油

2015 年 5 月，黄冈龙感湖管理区首个院士专家工作站在该区农林所挂牌成立，傅廷栋院士成为院士专家工作站首位特聘院士。同年 5 月，中国农业科学院油料作物研究所在黄冈龙感湖农场建立了“国家油菜工程技术研究中心黄籽油菜研发基地”。这为龙感湖黄籽菜油的品牌建设提供了有力的科技支撑。

龙感湖甘蓝型黄籽油菜通过亚基因优选组合，其品质优异，营养价值高，超过普通试点油菜。黄籽油菜抗病性、抗倒伏能力强，适应高密度种植，更加有利于机械收割，极大地减少了劳动力投入，给家庭农场规模生产创造了便利条件，极大地提高了农民种植的积极性。龙感湖农场在菜籽油品牌建设方面取得了不错的成绩。龙感湖翔达油脂有限公司的“龙歌”和“龙湖香”两个黄籽菜籽油品牌获得了绿色食品产地和产品认证。

第七节　促进科技支撑农村特色产业发展的建议

农村特色产业发展离不开科技的支撑。为了进一步发挥科技在促进农村特色产业发展中的作用，提出如下建议。

一、依托产业技术研究院提升特色农产品种（养）殖技术水平

农业产业技术研究院是面向地方特色农业发展需求，整合政府、企业、高校、科研院所等多方资源，开展产业共性技术研究、企业技术研发服务、科技成果转化、科技企业孵化和股权投资等活动的新型研发机构。以湖北省为例，已经建立起了一

批与农业相关的产业技术研究院（表 12-1），这些研究院在提升特色农产品种养殖水平方面发挥了重要作用。

表 12-1　湖北省一批与农业相关的产业技术研究院

名　　称	建设依托	相关特色品牌
湖北省香菇产业技术研究院	湖北裕国菇业股份有限公司	随州香菇
湖北省富硒产业技术研究院	恩施州农科院	富硒农产品品牌
湖北省小龙虾产业技术研究院	潜江市莱克水产食品有限公司	潜江龙虾
湖北省水产产业技术研究院	华中农高区、长江大学、长江水产品研究所	洪湖清水大闸蟹、监利黄鳝等荆州水产品品牌

研究院是面向产业技术发展需求、以提升产业技术创新能力和技术水平为目的、集成产学研多方科技资源、服务产业创新发展的独立法人单位，具有公益性与经营性相结合的特点。研究院围绕解决产业关键技术、共性技术、前沿技术问题，开展重点新产品、新工艺、新材料研发和成果转化，研究制订产业技术发展规划和产业技术标准，提供工业化生产前的技术研发服务，是产业技术创新体系的重要支点和产学研协同创新的重要基地。

要发挥农业技术研究院在支持农产品品牌发展中的重要作用，促进农业技术研究院和当地企业开展合作，提升农产品种（养）殖技术水平。

二、提高特色农产品精深加工技术水平

提高农产品精深加工技术水平是提升农产品附加值的重要途径。比如品源（随州）现代农业发展有限公司开发的香菇酱取得了很可观的经济效益。华山水产和武汉大学共同研发的氨基葡萄糖盐酸盐粉剂、壳聚糖、壳寡糖等 10 余种高附加值生物制品已实现产业化生产，出口美国、欧洲等多个国家和地区。

要围绕湖北农产品加工重点领域开展基础研究、前沿研究和共性关键技术研

发,强化产学研一体的农产品加工技术创新推广体系。鼓励加工企业与科研院所合作设立农产品加工研发机构,开展粮食加工减损节能降耗技术和智能化装备研究,突破米面制品食品产业化保鲜关键技术应用瓶颈;研发应用油料高效低耗加工技术与装备;改进鲜活水产品运输技术及装备;突破蔬菜加工中的褐变控制和活性包装等技术瓶颈;研发集成农产品及加工副产品资源综合利用技术装备。

三、针对特色农产品品牌开展有针对性的科技服务

2019 年 9 月,湖北省启动实施了院士专家团队服务农业产业发展“515 行动”。分别由张启发、桂建芳、傅廷栋、陈焕春、邓秀新 5 位院士领衔,在涉农高校、科研单位牵头组建 15 个科技团队,对接联系 15 个重点县(市、区),围绕水稻、玉米、园艺、油菜、渔业、畜牧等优势特色产业,重点开展 15 项科技服务行动。

湖北是农业科教大省,有各类农业科研教学机构 68 家,涉农两院院士 11 人,高层次农业科技人员达 5000 多名。但长期以来,湖北省的农业科教优势未能完全转化为农产品竞争优势和产业发展优势。

“515 行动”推动院士专家团队的研发、人才、成果、平台等科技资源要素下沉到生产一线,在重点市县集聚,在重点产业发力,形成院士领衔、团队牵头、专家对接、部门协调、产业发展、农民受益的科技服务新模式。这有利于把湖北农业科教优势、人才优势转化为发展优势。可以借鉴这种模式,选择一批特色农产品品牌,组建科技团队,开展有针对性的科技服务。

参考文献

[1] 迈克尔·波特. 国家竞争优势[M]. 李明轩,邱如美,译. 北京:华夏出版社,2002.

[2] 严力. 基于汤姆·邓肯整合营销传播模型的玩具品牌传播分析[D]. 杭州:浙江大学,2012.

[3] 党楚. C2C 电子商务网站整合品牌传播模型分析——以淘宝网为例[D]. 武汉:华中科技大学,2009.

[4] 张炎林. 随州市食用菌产业发展研究[D]. 秦皇岛:河北科技师范学院,2018.

[5] 胡家芳. 湖北随州香菇产业发展研究[D]. 长沙:中南林业科技大学,2020.

[6] 汤颖枫. 蕲春艾草产品品牌建设调研报告[D]. 武汉:中南财经政法大学,2019.

[7] 吴雪燕. 赣南脐橙产业集群形成和发展阶段地方政府作用研究[D]. 南昌:江西师范大学,2014.

[8] 郑小溪. 农产品地理标志专用权保护研究——以江西赣南脐橙的农产品地理标志保护为例[D]. 南昌:江西财经大学,2019.

[9] 刘堂发. 赣南脐橙品牌竞争力提升研究[D]. 南昌:南昌大学,2014.

[10] 何佳淇. 县域节事活动运营创新研究[D]. 长沙:湖南师范大学,2020.

[11] 刘艺. 基于整合营销传播的家具品牌建设研究[D]. 长沙:中南林业科技大学,2017.

[12] 陈大志. 农产品体验营销应用研究[D]. 郑州:郑州大学,2012.

[13] 焦琳. 从云南漾濞"核桃节"看新兴节庆发展的差异化路径选择[D]. 昆明:云南大学,2013.

[14] 刘霞,杨剑坤. 向世界复制"潜江味道"潜江小龙虾主题特色教育创意区[J].

中国周刊,2017(11):94-101.

[15] 龙余良,金勇根,邓德文,等.赣南脐橙气候品质标准研究[J].中国农学通报,2018(7):116-123.

[16] 张爱民.做强赣南脐橙产业的对策与建议[J].江西农业学报,2006(6):218-221.

[17] 张胜荣.基于钻石模型的赣南脐橙产业国际竞争力研究[J].西部经济管理论坛,2015(1):50-54.

[18] 桂世河,汤梅.整合营销传播目标的演进与发展趋势[J].管理现代化,2019(1):78-81.

[19] 戈兴杰,李璐.盱眙发展龙虾业的比较优势[J].渔业经济研究,2007(1):14-17.

[20] 樊宝洪.江苏盱眙龙虾品牌成就发展分析[J].中国渔业经济,2012(5):127-132.

[21] 钟文.破解小龙虾三大谣言[J].江苏卫生保健,2016(15):37.

[22] 江宏飞,胡俊健.基于“钻石模型”的农村特色产业发展研究——源自“赣南脐橙”的案例分析[J].农村经济与科技,2020(19):41-44.

[23] 江宏飞,张蓓.随州香菇区域品牌整合营销传播策略[J].科技创业月刊,2021(6):54-56.

[24] 江宏飞,陈昕.整合营销传播视角下农产品区域品牌传播策略研究——基于盱眙龙虾的案例分析[J].科技传播,2020(20):98-101.

[25] 焦必宁,王成秋,王日葵.对香港及内地水果市场“染色橙”事件的初步调查及建议[J].柑桔与亚热带果树信息,2005(1):8-9.

[26] 甘惜敏.“染色橙”击中优势产业“痛点”[J].乡镇经济,2005(3):33-34.

[27] 张艳慧.顾客感知价值、顾客满意、顾客忠诚之间关系的研究评述及展望[J].河北企业,2014(1):15-16.

[28] 徐运红,王华东.品牌成长与河北农业企业的竞争力提升[J].经济导刊,2011(5):30-31.

[29] 王欢.历届潜江龙虾节回顾[J].农产品市场周刊,2015(22):60-62.

[30] 王华东,周娜.农业会展节庆视角下农产品区域公用品牌提升的研究[J].中

国农学通报，2012(14)：172-176.
[31] 于业成.潜江"小龙虾"走红的传播学解读[J].新闻前哨，2019(6)：76-77.
[32] 黄剑雄.用创新铸造龙虾节会品牌[J].学习月刊，2017(7)：17-18.
[33] 冯向，李峰.杜鹃节精彩谢幕：麻城旅游出发了[J].湖北画报(湖北旅游)，2008(4)：46-47.
[34] 彭婵，张新叶，杨彦伶，等.湖北麻城杜鹃古群落遗传多样性研究[J].湖北林业科技，2010(4)：30-34.
[35] 张勃.当前语境下传统节日的困境与出路——兼及建构新兴节庆活动的一点思考[J].山东社会科学，2011(3)：49-54.
[36] 邢增涛.驳《蘑菇还是少吃一点吧》[J].食药用菌，2013(4)：255-258.
[37] 陈海军.红薯深加工过程中的副产物综合利用研究与实践[J].轻工科技，2015(6)：13-14.
[38] 张雪."虾稻共作"富万家[N].经济日报，2015-06-10.
[39] 巩静.潜江：小"虾、米"带来大收益[N].中国城市报，2018-05-14.
[40] 罗珊珊.118 道潜江龙虾菜品勇破基尼斯纪录[N].潜江日报，2019-06-18.
[41] 余皓，王丽晴.潜江牵手监利合作卖小龙虾 中国虾谷阔步走出去 增强湖北龙虾竞争力[N].楚天都市报，2020-04-21.
[42] 吴熙垚，邹定军，王本伦，等.小龙虾华丽化身农业、工业、服务业"三栖明星"[N].长江日报，2019-06-17.
[43] 徐恒杰，何红卫，柯利刚.这只龙虾来自潜江——湖北省潜江市龙虾品牌发展纪实[N].农民日报，2019-01-07.
[44] 朱丽兰.6 月 1 日起，湖北"潜江龙虾"亮相央视[N].长江日报，2019-06-01.
[45] 彭磊，杨靖."潜江龙虾号"高铁冠名列车首发[N].湖北日报，2019-05-16.
[46] 胡琼瑶.农产品品牌三年培育方案出台，重点打造 2 个省级核心大品牌[N].湖北日报，2019-01-29.
[47] 肖敏，周虎.攻克生全粉技术 延伸深加工链条 红安"土坨坨"变身致富"金疙瘩"[N].农村新报，2019-10-06.
[48] 张泉，刘子靓，吴月兵.依托大武汉承接产业转移 红安觅儿寺镇：荒坡之地崛起现代产业城[N].湖北日报，2022-04-17.

[49] 赵良英,李易子."香菇之乡"湖北随县开建香菇智慧交易城[N].湖北日报,2020-06-28.

[50] 吕雷,李珑予,陈钰.蕲春艾灸馆"千城万店"迸发就业"新活力"[N].鄂东晚报,2023-08-15.

[51] 胡安元.做好蕲艾文章 打造千亿产业[N].农村新报,2022-08-26.

[52] 佚名.融入大武汉 永葆"红安红"[N].黄冈日报,2022-10-13.

[53] 汪彤,杨子薇.省农科院和红安县共建甘薯产业技术研究院 小红苕"科技范儿"更足了[N].湖北日报,2021-04-15.

[54] 曾宪锋.红安伟杰发展电商叫响"苕大哥"品牌[N].黄冈日报,2023-04-20.

[55] 江开军.香菇烹饪美食大赛烹出文化味[N].随州日报,2019-12-02.

[56] 徐斌.2020 湖北·随州国际香菇产业博览会新闻发布会[N].随州日报,2020-12-10.

[57] 张清,戚远斌."随州香菇"再上央视[N].随州日报,2019-9-26.

[58] 夏静,张锐.中央广播电视总台捐赠湖北价值五亿元广告资源[N].光明日报,2020-04-28.

[59] 张清,赵建辉."随州香菇"再上央视展播 市农业农村局多措助力特色农产品"走出去"[N].随州日报,2020-05-01.

[60] 孟春林.舌尖上的湖北[N].长江商报,2012-07-06.

[61] 谢姣.吃龙虾看大戏 潜江举办戏剧展演季[N].楚天都市报,2021-05-12.

[62] 王亚堂.小龙虾成就文化大品牌——第二届"一会一节"成果之文化篇[N].潜江日报,2018-05-25.

[63] 曹磊,陈咏,王本伦.第十届潜江龙虾节将于 6 月 15 日举行,湖北潜江龙虾将亮相纽约时代广场[N].楚天都市报,2019-05-09.

[64] 胡琼瑶.第十一届湖北(潜江)龙虾节将于 7 月开幕[N].湖北日报,2020-06-29.

[65] 谢白蓉,田永祥,吴燕军.一届更比一届强——龙虾盛会精彩回顾[N].潜江日报,2018-05-18.

[66] 江西省市场监督管理局(知识产权局).多彩 GI(江西篇)[N].中国知识产权报,2022-12-20.

[67] 赵良英,鲍亚忠.随州将建“香菇学院”[N].湖北日报,2020-12-26.
[68] 艾卿.随州香菇 山窝窝长出“金娃娃”[N].楚天金报,2011-05-05(3).
[69] 赵良英,鲍亚忠.随州香菇再出发[N].湖北日报,2019-12-03.
[70] 赵良英,刘诗诗.随州香菇香飘四海——随州香菇产业高质量发展综述[N].随州日报,2020-12-24.
[71] 赵良英.改变“鲜菇内销、干菇出口”传统 随州香菇变道融入“双循环”[N].湖北日报,2021-01-11.
[72] 张琴,罗强,戚远斌.一朵香菇 百亿产业——随州香菇产业的壮大与裂变[N].随州日报,2018-10-09.
[73] 赵良英,鲍亚忠,李健君.随州三大农产品出口居全省前列[N].湖北日报,2021-01-18.
[74] 张琴.做精做强一朵菇[N].随州日报,2021-02-01.
[75] 陶辉,胡小军,郭斯.蕲春涉艾市场主体超3290家,已设立“艾之家”综合服务窗口[N].湖北日报,2023-09-28.
[76] 丁依宁,柳靖文.湖北潜江:小龙虾带来的城市“新生”[EB/OL].[2018-07-05].https://www.thepaper.cn/newsDetail_forward_2228457.
[77] 马凯.随州市农业农村局副局长胡建鄂:做大做强“随州香菇”产业 打造特色增长极[EB/OL].[2020-12-10].http://hb.china.com.cn/2020-12/10/content_41389347.htm.
[78] 周胜,吕雷,陈钰.蕲春深耕蕲艾品牌建设,品牌价值突破110亿元[EB/OL].[2023-05-18].http://www.cnhubei.com/huanggang/p/15855992.html.
[79] 张聪,董剑桥,付小华.劳务品牌推动产业融合——“蕲春艾灸师”创造劳务经济收入九十亿元[EB/OL].[2023-08-04].http://news.cnhubei.com/content/2023-08/04/content_16344476.html.
[80] 中共蕲春县委,蕲春县人民政府.中共蕲春县委 蕲春县人民政府关于推进蕲艾产业高质量发展的实施意见[EB/OL].[2019-06-03].http://www.qiaixh.com/qiaidongtai/dongtai.php?id=108.
[81] 佚名.艾都之爱——蕲春大健康产业发展解码[EB/OL].[2023-10-31].

http://www.qichun.gov.cn/zwxw/qcyw/11739960.html.

[82] 吴卫华.做大做强红苕产业 叫响地标产品品牌[EB/OL].[2020-07-28].http://www.redhongan.com/p/121565.html.

[83] 红安县电子政务办.红安苕[EB/OL].[2022-11-10].http://www.hazf.gov.cn/zjha/dfmc/11096459.html.

[84] 黄冈市科学技术局.黄冈市新增备案2家省级产业技术研究院[EB/OL].[2023-04-03].http://kjj.hg.gov.cn/xwdt/gzdt/1158428.html.

[85] 红安县人民政府.县人民政府办公室关于印发红安县进一步推进红苕产业高质高效发展工作方案的通知[EB/OL].[2021-03-19].http://www.hazf.gov.cn/zwgk/public/6636844/583605.html.

[86] 张胜红,汪冠.红安县农特产品再添新成员——红安苕酒[EB/OL].[2020-09-11].http://www.redhongan.com/p/123399.html.

[87] 苏路程,唐丽琴.赣南脐橙交易中心正式投入使用[EB/OL].[2018-11-17].http://chinanews.com/cj/2018/11-17/8679451.shtml.

[88] 徐雯.农夫山泉信丰工厂竣工投产 脐橙年销售可达4.5亿元[EB/OL].[2016-12-9].http://finance.sina.com.cn/roll/2016-12-09/doc-ifxypipu7467696.shtml.

[89] 关于加快赣南脐橙产业发展升级的实施方案的通知[EB/OL].[2019-04-2].http://www.ganzhou.gov.cn/zfxxgk/c100446mvb/201904/8eec480e88b844e4b776ceb38d410f59.shtml.

[90] 秦冉冉,谢彪.盱眙龙虾品牌评价继续名列水产类第一名[EB/OL].[2019-05-10].http://www.xuyi.gov.cn/col/1821_345464/art/201905/1557447714477EFy9tl8h.html.

[91] 谢艺观.盱眙龙虾品牌价值已达180亿 产业规模超百亿[EB/OL].[2019-05-23].https://finance.sina.com.cn/roll/2019-05-23/doc-ihvhiews3932376.shtml.

[92] 贾蔚,万雨凡.全国2000多家加盟店,盱眙这一产业发展让省市领导发出赞叹[EB/OL].[2018-06-13].http://www.sohu.com/a/235599215_100187967.

[93] 农业农村部办公厅. 农业农村部办公厅关于印发《农业品牌精品培育计划(2022—2025年)》的通知[EB/OL]. [2022-08-10]. http://www.moa.gov.cn/nybgb/2022/202207/202208/t20220810_6406704.htm.

[94] 赣州市赣南脐橙协会. 赣南脐橙今年继续央视"露脸",必火~[EB/OL]. [2018-10-21]. https://www.sohu.com/a/270369595_228319.

[95] 李蔚春. 湖北随州尚市桃花节成功举办[EB/OL]. [2012-03-27]. http://www.cnhubei.com/xwzt/2012/taohuajie/suixiantaohuajie/201203/t2016383.shtml.

[96] 袁佳娟. 第七届湖北(潜江)龙虾节璀璨落幕(组图)[EB/OL]. [2016-06-17]. http://www.cnhubei.com/xwzt/2016/2016qj/201606/t3643844.shtml.

[97] 侯钰倩,廖晶. 2019 潜江"一节一会"精彩盘点:节会才过 虾味尚浓[EB/OL]. [2019-06-24.]. http://hb.china.com.cn/2019-06/24/content_40795501_4.htm.

[98] 马凯. 第十一届湖北(潜江)龙虾节暨第四届虾-稻产业博览会开幕[EB/OL]. [2020-07-11]. http://www.cnhubei.com/qjzx/p/13199181.html.

[99] 邹定军,王本伦. 第十届潜江龙虾节签约 49 个项目 招商引资超 270 亿元[EB/OL]. [2019-06-16]. http://m.xinhuanet.com/hb/2019-06/16/c_1124629846.htm.

[100] 张世鑫. 潜江"一节一会"招商引资 58 个项目共 308 亿元[EB/OL]. [2020-07-13]. http://www.cnhubei.com/qjzx/p/13202164.html.

[101] 曹以成. 潜江市旅游行业协会成立:多方助力潜江旅游业发展[EB/OL]. [2018-06-07]. http://www.cnqjw.com/qjxw/20180607/265505.html.

[102] 彭梦宁,罗珊珊. 湖北潜江花鼓戏《河西村的故事》走红之路[EB/OL]. [2019-04-12]. http://m.xinhuanet.com/hb/2019-04/12/c_1124360518_3.htm.